Copyright© 2021 by Literare Books International
Todos os direitos desta edição são reservados à Literare Books International.

Presidente:
Mauricio Sita

Vice-presidente:
Alessandra Ksenhuck

Capa, diagramação e projeto gráfico:
Gabriel Uchima

Foto da autora:
Foto Eleonora

Mapas mentais:
Fábio Vargas Pilar

Revisão e preparação:
Rodrigo Rainho

Diretora de projetos:
Gleide Santos

Diretora executiva:
Julyana Rosa

Diretor de marketing:
Horacio Corral

Relacionamento com o cliente:
Claudia Pires

Impressão:
Gráfica Paym

Dados Internacionais de Catalogação na Publicação (CIP)
(eDOC BRASIL, Belo Horizonte/MG)

P637l   Pilar, Jandira.
        Ler e escrever bem / Jandira Pilar e Cristiane Fuzer. – São Paulo, SP: Literare Books International, 2021.

        ISBN 978-65-5922-014-4

        1. Língua portuguesa. 2. Redação. I. Título.
                                                    CDD 469.8

Elaborado por Maurício Amormino Júnior – CRB6/2422

Literare Books International.
Rua Antônio Augusto Covello, 472 – Vila Mariana – São Paulo, SP.
CEP 01550-060
Fone: +55 (0**11) 2659-0968
site: www.literarebooks.com.br
e-mail: literare@literarebooks.com.br

Jandira Pilar

Ler e Escrever Bem

Sumário

Agradecimentos 6

Prefácio à primeira edição 7

Minhas palavras 10

PARTE 1
**Dificuldades na comunicação oral e escrita?
Conheça os três pilares que sustentam o texto** 18

PARTE 2
**Dificuldades em escrever um texto diferenciado?
Entenda o uso do repertório sociocultural na redação** 36

PARTE 3
**Dificuldades em dar sequência às ideias? Aprenda a
usar as estratégias de progressão temática** 46

PARTE 4
Exercícios 72

PARTE 5
Temas 100

Bibliografia 117

Agradecimentos

À Profª Drª Désirée Motta-Roth, que me apresentou a Teoria do Gênero Textual/Discursivo.

À amiga Profª Drª Cristiane Fuzer, que colaborou com esta obra e me permitiu atender, de fato, às necessidades dos meus alunos na questão da Progressão Temática, importante arcabouço teórico da Produção Textual.

Ao Lino, ao Germano e à Mônica, que me permitiram ser professora 24 horas.

Ao meu irmão Elbio Pilar, que contribuiu com a leitura das redações.

À minha família, que me apoia incondicionalmente.

Ao Fábio Vargas Pilar, que desenhou as peças gráficas.

A todos os colegas professores, que resistem bravamente e, mesmo maltratados por sucessivos governos, lutam para se qualificar e oferecer o melhor ensino para seus alunos.

Este livro é dedicado a todos os meus alunos e ex-alunos, que me auxiliam a aprimorar meu trabalho como professora de redação.

Prefácio à primeira edição

A escrita é uma arte, concebida de acordo com os registros mais longínquos na Mesopotâmia antiga e, logo depois, no Egito. Nas duas civilizações, a escrita era ensinada aos escribas ao longo de uma vida inteira. A dedicação a essa arte era justificada, pois ela possibilitava o registro dos acontecimentos, para que fossem apreciados nos tempos vindouros. No entanto, no decorrer de séculos, muitas pessoas ficaram à margem desse conhecimento. Inúmeras delas foram perseguidas pelo que escreveram, e a escrita foi usada para legitimar a opressão, o que usurpava o seu âmago e sequestrava a sua essência. Foi com os pensadores do século XVIII, que a defesa da liberdade se posicionou, oficialmente, ao lado da arte em questão. Pôde-se, então, escrever, de forma organizada, com método e com liberdade. Passou-se a ter liberdade de expressar aquilo que se leu, entendeu, estudou, enfim, expressar-se livremente, o que entendemos por autoria.

Bem, imaginemos que a arte, tão falada nestas linhas, seja livre e que possa desenvolver discursos autorais legítimos, que ainda sejam totalmente adequados às necessidades da vida, tais como um bom debate, uma redação nota 1.000 para o Enem ou uma redação nota 10 em outros vestibulares, ou mesmo para um impecável documento oficial. Foi justamente para ensinar essa arte, com liberdade autoral, que a minha amiga Jandira Pilar dedicou toda a sua belíssima carreira. Ela é uma destacada artista das letras, que sempre prezou pela autonomia. Na verdade, desde que a conheci, percebi que a sua vida se confunde com a sua arte. Ela realmente vive para ensinar. E ensina com maestria. Não apenas a escrever bem, a realizar uma excelente redação, ou apresentar um admirável discurso. Ela ensina o aluno a fazer por si mesmo, a escrever o que tem dentro de si, com desenvoltura. Como uma militante da liberdade, não poderia proceder diferente. Jamais aceitaria produzir trechos prontos, frases de efeito, citação coringa etc. Seu compromisso é, verdadeiramente, com o florescimento da habilidade da escrita em seus alunos. Aristóteles acreditava que, assim como os demais animais, o ser humano tem uma função no mundo, e que a vida de cada um deve direcionar-se nesse sentido. Podemos dizer, inferindo da filosofia de Aristóteles, que Jandira Pilar encontrou o seu lugar no mundo, a sala de aula, ensinando a arte da escrita, com liberdade autoral.

Foi com grande satisfação que recebi o convite para apresentar esta obra. Primeiro, porque admiro muito o trabalho da Jandira. Segundo, porque é uma honra ter sido um dos primeiros a ler uma obra de tanta relevância. E terceiro, porque é especial poder conhecer o *savoir faire* de uma artista, em sua essência. Imediatamente aceitei o convite e, logo que recebi o livro, ainda em fase de finalização, comecei a ler. Comecei e não consegui parar. Sendo um livro que se propõe didático, ele é muito bem estruturado. Os exemplos, as citações, os trechos, as análises, enfim, são muito bem pensados e posicionados. Fiquei impressionado com essa organização e com a simplicidade com a qual o conhecimento é compartilhado. Percebi que esta é uma obra essencial para quem escreve ou fala em público, independentemente de onde. Estudantes de escolas, de pré-vestibulares, universidades, professores, palestrantes etc. Organizar o seu discurso/texto a partir da metodologia da Professora Jandira vai levar ao aperfeiçoamento do resultado, a um discurso lógico e embasado e à redação perfeita. Jandira não promete fórmula mágica, mas um poderoso método que libera o artista aprisionado dentro de cada autor.

Confesso que também fiquei apreensivo com o convite, afinal, não sou um especialista na área. Receava não ter competência para preencher estas linhas de forma a valorizar, como deve ser, o livro *Ler e escrever bem: um aprendizado importante para vencer no Enem e na vida*, da minha amiga e colega Jandira Pilar. Mas compreendi o convite. Todos somos escritores. Todos, independentemente de nossos objetivos, profissões, locais sociais, somos todos escritores. Compreendi suas ideias. Percebi que seu método é eficiente e que a sua vida é dedicada a aperfeiçoá-lo. Levarei muito do que aprendi, nesta obra, aos meus próximos escritos.

Deixo às leitoras e aos leitores que vão iniciar os estudos nas próximas páginas a certeza de que, com atenção, foco e dedicação ao estudo deste livro, o florescimento da sua leitura e dos seus escritos ocorrerá naturalmente, como aconteceu, acontece e acontecerá com todos os alunos da Professora Jandira Pilar. E, como é característico da sua essência, a liberdade criativa, acompanhada de técnica exemplar, permitirá que exerçam esta arte com autoria.

Luiz Leonardo Langlois Spallone, Professor Especialista em História, Professor no Fleming Medicina e autor do material didático de História.

Minhas palavras

"Chega mais perto e contempla as palavras. Cada uma tem mil faces secretas sob a face neutra e te pergunta, sem interesse pela resposta, pobre ou terrível, que lhe deres: Trouxeste a chave?"

Carlos D. de Andrade

Não há dúvida de que as dificuldades na leitura e na escrita de textos têm sido um problema na vida de muitas pessoas, especialmente daquelas que desejam ingressar em uma universidade, candidatar-se a uma vaga de emprego ou simplesmente expressar-se com clareza, lógica e coerência na vida pessoal e na profissional.

Tais dificuldades, muitas vezes, estendem-se aos profissionais que têm a tarefa de ensinar a escrever em qualquer nível de ensino. Diferentemente de ensinar a gramática isoladamente, ensinar a escrever textos demanda também conhecimento sobre estratégias de produção textual, coesão, coerência. Além disso, envolve habilidades de leitura e interpretação e também a organização do pensamento lógico, o que faz com que o processo de ensino-aprendizagem de leitura e de escrita não possa ser massificado.

Pois bem, neste livro, alunos e professores encontrarão um método usado por incontáveis alunos que desejaram trilhar o caminho da aprovação em uma universidade. Com esse método, muitos deles não só aprenderam a escrever um texto adequado ao tema, com tese clara e excelentes argumentos, mas também ficaram preparados para inúmeras outras situações e, hoje, são profissionais renomados e atuantes no mercado de trabalho.

Para entender essa afirmação, leia os depoimentos a seguir.

> *Clichê: "quando as pessoas amam aquilo que fazem o resultado é este". Entretanto, para ensinar a escrever o profissional precisa ser brilhante e não desistir do aluno. Assim foi. Ela solicitou diversas vezes que eu não resistisse à metodologia proposta e, com isso, Jandira fez-me adentrar no universo de uma redação organizada, sólida, guiada por palavras-chave e argumentações plausíveis. Inspirou-me dias a fio em que trabalhamos nos horários e dias mais inócuos, pois me mostrou que não havia meios caminhos. Era necessário reescrever, realocar palavras, aprimorar argumentos; e me orientou de novo e de novo. Foi dessa forma que obtivemos uma redação nota DEZ (10!), na minha aprovação no curso de Medicina na UFSM. Esse resultado seria inimaginável sem a Jandira ao meu lado.*
>
> (Dunia Hwas, médica formada pela Universidade Federal de Santa Maria em 2016.)

> *Me chamo Gean, atualmente sou acadêmico da Medicina na UFSM e eu fui aluno de redação da Profe Jandi (como carinhosamente chamo ela)! Antes de passar pelas suas mãos, a*

Ler e escrever bem

minha escrita era simples e não expressava claramente a minha opinião, mas, como eu almejava uma vaga em medicina, sabia que a redação era essencial para efetivar essa conquista. Assim, a cada plantão, a análise do texto partindo do argumento – o famoso "método Jandira Pilar" – e a busca incessante pela coerência linguística me possibilitaram a obtenção de 960 pontos na redação do ENEM e a consequente aprovação na UFSM. Hoje, como universitário, continuo sentindo a Jandi presente nos meus textos, tanto ao escrever artigos acadêmicos, quanto ao produzir com qualidade de linguagem os trabalhos na universidade. Sou grato não só pelo conhecimento teórico, mas por ter convivido com um ser humano incrível como é a Jandira! Tenho certeza de que este livro é a concretização de todo esse sucesso!

(Gean Scherer, aprovado em Medicina, na Universidade Federal de Santa Maria, em 2019.)

Eu já acreditava no poder das palavras antes de conhecer a Jandira. Quando a conheci comecei a confiar no poder do texto autoral e confiar que esse texto me levaria a todos os lugares que eu pudesse sonhar. Meu sonho era ser aprovada em medicina na federal, mas hoje entendo que o que construímos na produção do texto irá me acompanhar por toda minha vida. Lembro dos nossos primeiros textos e das notas baixas e tenho orgulho do nosso crescimento. Não foi um processo fácil,

> *mas recompensador. A Jandira praticamente pegava no lápis comigo e ajudava a construir o caminho que eu tinha escolhido para mim, elogiava e incentivava meu processo criativo, mas mostrava que faltava estrutura para o texto. Como um verdadeiro quebra-cabeças, recortava, reorganizava e assim fomos lapidando o texto no processo de escrita. Conforme esse "lapidar" ocorreu, fui perdendo o medo do "TEMA" que viria no próximo vestibular. Nunca me ensinou uma fórmula pronta, mas me ensinou tudo que eu precisava para ter segurança para escrever. Tudo já estava dentro de mim, mas eu precisava de alguém que me guiasse nesse caminho. Em suas aulas, aprendi também que todo o conteúdo que eu estudava em filosofia, sociologia, história e geografia poderia ser usado no texto. Dessa forma, minha bagagem se tornou cada vez maior e meu Mundo expandiu. Quando percebi já estava na federal e minha nota foi determinante para minha aprovação. Gratidão!*
>
> (Graziele Peres, aprovada em Medicina, na Universidade Federal de Rio Grande, em 2015.)

A metodologia que será apresentada ensina a ler e a escrever textos a partir de três passos: interpretar o tema, apresentar teses qualificadas e construir uma estrutura argumentativa.

Esse "tripé" será essencial para se pensar a autoria, condição para um desempenho "diferenciado" no vestibular e na vida. Neste livro, a autoria não é discutida teoricamente, haja vista que a intenção é oferecer um material prático e simplificado com o objetivo de auxiliar alunos e professores em suas atividades de leitura, de escrita e de avaliação. Em meu trabalho como professora de redação, a autoria é pensada como a capacidade de o aluno assumir um papel social na sua relação com o mundo e com os outros, é o posicionamento dele representado pela linguagem, ou, mais especificamente, é o discurso do sujeito no mundo e sobre o mundo.

Dito isso, apresento a seguir os três pilares que – na produção de textos, orais ou escritos – são necessários no percurso para escrever/falar com autoria. Cada um deles tem desdobramentos que permitirão ao escritor, por meio de estratégias, mostrar o conhecimento adquirido durante a sua vida e também ir agregando outros, que advêm de outros discursos, da interpretação de fatos passados e presentes, da leitura de livros, de filmes, de documentários. Nesse processo, minha meta é ajudá-lo a construir um projeto de texto capaz de levá-lo a conquistar a sonhada vaga no vestibular, no mercado de trabalho, e, consequentemente, a destacar-se em variados setores da sociedade.

Na Parte I, explicito os três elementos deste método, os quais compõem um tripé argumentativo. São três passos simples, fundamentados na teoria de gêneros textuais/discursivos, os quais têm oferecido bons resultados nas atividades de escrita.

Na Parte II, explico a autoria e analiso uma redação para mostrar como esse recurso da linguagem contribui para o uso do repertório sociocultural e, consequentemente, para um excelente desempenho na redação do Enem.

Na Parte III, a professora Cristiane Fuzer apresenta a progressão temática, procedimento que tem auxiliado a melhorar o desempenho de alunos na escrita das redações.

Na sequência, proponho alguns exercícios e sugiro alguns temas para que alunos e professores discutam o conteúdo apresentado neste livro e treinem os processos de leitura, de escrita e de avaliação de redação.

Parte 1

Dificuldades na comunicação oral e escrita? Conheça os três pilares que sustentam o texto.

> **1º PASSO: identificar o TEMA sobre o qual você precisa falar/escrever. Faça a pergunta: O QUÊ?**

A resposta será o tema, que deve ser identificado em provas de vestibulares (na frase temática ou no comando da prova de redação). Na prova de redação do Enem, a adequação a ele (avaliada na Competência 2) é condição imprescindível para escrever um texto NOTA 1.000. Segundo a cartilha do participante Enem (2018),

> O tema constitui o núcleo das ideias sobre as quais a tese se organiza e é caracterizado por ser a delimitação de um assunto mais abrangente. Por isso, é preciso atender ao recorte temático definido para evitar tangenciá-lo ou, ainda pior, desenvolver um tema distinto do determinado pela proposta (p.18).

Observe a seguir os parágrafos introdutórios de duas redações escritas no Enem de 2018, cujo tema era *A manipulação do comportamento do usuário pelo controle de dados da Internet.*

Introdução 1

A *Declaração Universal dos Direitos Humanos*, promulgada em 10 de dezembro de 1948 pela ONU, gestada no tétrico cenário pós 2ª Grande Guerra, assegura que todos os indivíduos têm direito à educação, saúde, justiça, bem-estar e liberdade. Entretanto, apesar dos esforços de garantia à individualidade no atual contexto da 4ª Revolução Industrial, no qual a massa de dados é fundamental para a tomada de decisão, a robotização/automatização vem expandindo seu horizonte de atuação para além da manufatura. Nesta perspectiva, cabe avaliar quais são as responsabilidades dos portadores da informação, bem como o papel do poder público na defesa dos interesses da República, e por conseguinte, do cidadão, no tocante à autonomia das escolhas.

(Introdução de redação que obteve 480, cedida pelo autor).

Introdução 2

A teoria da Indústria Cultural, desenvolvida pelos filósofos Adorno e Horkheimer, no século XX, retrata a preocupação sócio-política da Escola de Frankfurt a respeito do poder dos meios de comunicação sobre os indivíduos. Nessa perspectiva filosófica, a questão da manipulação do comportamento de usuários em razão do controle de dados na internet é um sério problema na contemporaneidade. Essa manipulação decorre de interesses de grandes articuladores dos meios de comunicação e acarreta um desenfreado consumismo direcionado assim como uma influência parcial em escolhas políticas na sociedade.

(Introdução de redação que obteve 980, cedida pelo autor).

 COMENTÁRIO

Com os dois exemplos, fica clara a importância do uso das palavras-chave da frase temática na redação desde a introdução. No primeiro exemplo, cuja redação obteve desempenho 480, não consta nenhum elemento linguístico da frase temática e, na segunda, que obteve desempenho 980, estão presentes as palavras-chave "manipulação", "comportamento dos usuários", "controle de dados", "Internet".

> **2º PASSO:** refletir sobre o tema e **POSICIONAR-SE** por meio de uma **TESE**. Pergunte-se: o que eu tenho a DIZER sobre o tema? Que "lugar" eu ocupo na discussão proposta?

Qual é a sua tese ou ponto de vista? A tese se diferencia da simples opinião. A opinião é mais pessoal, mais cotidiana; a tese ou ponto de vista é uma tomada de posição que resulta das escolhas feitas a partir da reflexão sobre problemas sociais, leituras realizadas, pontos de vista de outras pessoas. Nas redações do Enem e de outros vestibulares, o candidato deve assumir claramente um ponto de vista. A tese e os argumentos estão relacionados com os PROBLEMAS e as SOLUÇÕES propostas.

Existem várias maneiras de o aluno posicionar-se sobre um tema ou uma determinada situação, seja em situações de fala, seja de escrita.

Veja a seguir alguns elementos linguísticos que marcam uma tese ou ponto de vista.

1. **Índices avaliativos e marcadores de atitude:** palavras como "infelizmente", "felizmente", "acertadamente", "erroneamente" entre outras, as quais servem para o autor do texto fazer avaliações em termos dos conceitos "bom", "ruim", "positivo" ou "negativo" (Vande Kopple, 1985). Esses elementos linguísticos permitem ao escritor demonstrar sua opinião sobre aquilo que

discute ou seu juízo de valor em relação a determinado assunto. A atitude do escritor pode ser expressa sob a forma de substantivos e adjetivos com os quais ele avalia de maneira positiva (concorda, aprova) ou negativa (discorda, desaprova) o tema ou uma determinada situação. Também pode ser expressa por meio de advérbios, de adjetivos e de expressões que possibilitem indicar ao leitor, de forma direta, o que o autor pensa sobre o que discute (idem, 1985).

2. **Modalizadores:** palavras como "dever", "precisar", "necessitar", "permitir", "realmente", "necessariamente", "obrigatoriamente", "é necessário", "é imprescindível", "provavelmente", "possivelmente", "talvez", "quem sabe", "usualmente", "algumas vezes", "acredito", "creio" (Halliday, 1994), as quais se situam no nível da obrigatoriedade ou da possibilidade. Por meio dessas palavras, o escritor sugere ao leitor que certa ação deve ou pode ser realizada de determinada maneira. Com o uso, o autor vai estabelecendo relações, posicionando-se por meio de comandos ou sugestões, assegurando, de maneira mais assertiva ou menos assertiva, que o leitor compartilhe do seu posicionamento.

3. **A primeira pessoa do plural (nós):** alguns comandos de redação convocam o autor a se inserir em um determinado grupo (de vestibulandos, de cidadãos, de jovens, de brasileiros etc.).

4. A primeira pessoa do singular (eu): marca a inserção do autor na discussão proposta e o uso está relacionado ao tipo de tema proposto pela instituição.

!!! CUIDADO !!!

Evite a banalização do "EU". Lembre-se de que nem sempre é mais produtivo colocar-se "no centro da discussão" para avaliar uma situação ou o tema. É necessário observar se a situação ou a tarefa de redação propicia a possibilidade de você ocupar o lugar central.
Em situações de textos escritos, evite também o uso de expressões como "na minha opinião", "eu acho", que constituem marcas da oralidade ou redundância.

> **3º PASSO: OS ARGUMENTOS** – organizar as informações de que dispõe para convencer, persuadir o leitor de que a sua opinião é a correta. Pergunte-se: COMO eu posso comprovar a minha tese?

O terceiro elemento do tripé na comunicação oral e escrita são os argumentos. Ao escrever o texto, oral ou escrito, o autor não tem como ser "neutro". Pelo contrário, ele se compromete, deixando, nas margens do texto, as marcas de sua história de vida, de sua visão particularizada de ver o mundo. Do mesmo modo, o leitor também utiliza sua subjetividade, sua história de vida, sua visão particularizada de mundo, para ler/interpretar o texto.

No caso da redação de vestibular, o desafio do aluno-candidato a uma vaga é escrever o texto com clareza e coerência em relação ao tema, à tese que será defendida e aos argumentos apresentados. Esses elementos devem ser organizados de maneira a demonstrar que candidato está apto a ingressar no ensino superior.

Observa-se, assim, que a produção textual envolve uma situação que pode ser representada da seguinte forma:

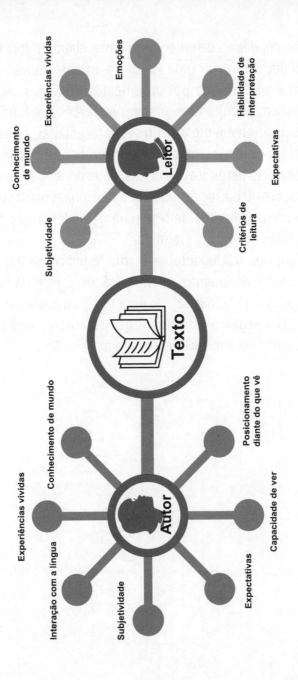

Assim, depois de entender o tema, elaborar uma tese, o aluno deve construir uma estrutura argumentativa em que a tese é comprovada por argumentos principais, os quais constituem o conjunto de motivos ou razões que fundamentam o posicionamento ou as teses apresentadas, e por argumentos secundários, que são os exemplos específicos, as estatísticas, as perguntas retóricas, as experiências pessoais, as citações ou outros recursos que funcionam como suporte, auxiliam na validação da tese para que o leitor não duvide da opinião que foi apresentada.

Tanto na fala quanto na escrita, é imprescindível saber organizar os argumentos, hierarquizá-los, concretizá-los para que tenham o efeito desejado no "outro", no público-alvo.

Veja a seguir a estrutura argumentativa-padrão em um parágrafo de desenvolvimento de uma redação:

TESE

A educação é o principal caminho para enfrentarmos a intolerância religiosa.

ARGUMENTOS

Porque o desrespeito e, por vezes, o ódio à crença alheia só floresce onde há desconhecimento.[...] [...]deve-se discutir nas aulas de História e de Sociologia a importância da tolerância religiosa. Além disso, a literatura brasileira é rica em obras que possibilitam a reflexão sobre a relação do ser humano com a fé, as quais devem ser lidas e analisadas em sala de aula.

ARGUMENTOS SECUNDÁRIOS

A obra "Olhos d'água", de Conceição Evaristo, por exemplo, pode ajudar na abordagem das religiões de matriz africana, fortemente atingidas pela intolerância, como mostram as pesquisas.

Esquema da estrutura do argumento proposta por Pilar (2000).

> **SINTETIZANDO**
>
> Na escrita das redações, siga os três passos:
>
> » **O QUÊ** - identifique sobre o que você precisa escrever (tema).
> » **QUEM** - posicione-se.
> » **COMO** - organize seus argumentos por meio de perguntas: por que eu posso afirmar isso? Como eu posso fazer com que o leitor/ouvinte concorde comigo? Que provas concretas eu posso mostrar para convencê-lo de que isso é como eu afirmo? Que autoridades no assunto eu posso chamar para me auxiliar na defesa da tese e na construção dos argumentos?

A seguir, apresento a análise de duas redações produzidas no Enem 2015, com as notas que foram atribuídas pela Banca do Enem, a fim de ilustrar o funcionamento desses três elementos (tema, tese e argumentos) no desempenho dos candidatos.

Tema de redação Enem 2015

A partir da leitura dos textos motivadores seguintes e com base nos conhecimentos construídos ao longo de sua formação, redija texto dissertativo-argumentativo em modalidade escrita formal da língua portuguesa sobre o tema "A persistência da violência contra a mulher na sociedade brasileira", apresentando proposta de intervenção que respeite os direitos humanos. Selecione, organize e relacione, de forma coerente e coesa, argumentos e fatos para defesa de seu ponto de vista.

Redação 1

Patriarcalismo e submissão: os combustíveis da violência

As mulheres chegaram a lugares inimagináveis profissionalmente. Mulheres médicas, executivas e até mesmo presidentas. Na esfera social, entretanto, a realidade das mulheres é outra. Mulheres que sofrem com a persistência da violência contra elas, fruto de uma sociedade brasileira historicamente patriarcal e da falta de mecanismos sociais que lhes garantam independência. Cabe à sociedade e ao governo reverter este quadro.

Primeiramente, a persistência da violência contra a mulher é fruto de uma sociedade brasileira patriarcal. Até a Era Vargas, a mulher não tinha ao menos o direito ao voto. A mulher, além de ser vista como um objeto masculino, não tinha voz na sociedade nessa época. Os direitos e os deveres femininos eram decididos por homens, e às mulheres cabia a silenciosa submissão. A sociedade brasileira atual, felizmente, garante o direito de voz à mulher, mas violências ligadas aos antigos padrões sociais ainda podem ser notadas contra a mulher. Segundo o balanço de 2014 da Secretaria de Políticas Públicas, 31,8% das violências relatadas são psicológicas e 51,6%, violências físicas, demonstrando um arcaico pensamento masculino de posse à figura feminina.

Ler e escrever bem

Em segundo lugar, a dependência da mulher à figura masculina contribui com a persistência da violência contra as mulheres. As leis, em grande maioria, assistem a mulher, quando ela exerce sua figura materna, como a licença maternidade. Mulheres que não possuem filhos, mas que dependem financeiramente do companheiro, se tornam alvo fácil da violência. A Lei Maria da Penha, por exemplo, foi um grande avanço para deter essa violência, mas sozinha não garante à mulher segurança. Segundo o Conselho Nacional de Justiça, 330 mil processos foram instaurados, 330 mil mulheres que, em 2015, após os julgamentos e frente às dificuldades diárias, provavelmente irão dar uma "nova chance" aos seus agressores, e essa dependência delas é o combustível da violência contra elas.

Em suma, a persistência da violência contra a mulher pode ser revertida pela sociedade e pelo governo brasileiro. Cabe à família em cada lar, através do diálogo, transmitir às crianças o respeito à figura feminina; cabe às escolas, por meio de palestras, reforçar o que as crianças aprendem em casa sobre a figura feminina e, por meio de aulas de história, corrigir distorções históricas que colocam a mulher à margem e aquém do homem. Cabe ao governo implementar programas sociais que garantam à mulher que denuncia a violência independência financeira. O governo também deve disponibilizar de forma gratuita psicólogos que assistam essas mulheres e as façam ter independência emocional e coragem para seguir sua vida após denúncia.

Graziele Peres de Quadros (Nota 940, Enem 2015, Medicina, Universidade Federal de Rio Grande - Furg, redação cedida pela autora).

Redação 2

 Nos últimos anos, houve um acréscimo considerável de casos que atentam contra a mulher brasileira, tanto moral quanto psicologicamente. Vivemos em um país predominantemente patriarcal, com atitudes machistas notáveis e que acarretam em casos deploráveis de violência contra a figura feminina em nossa sociedade. Situações dessa magnitude evidenciam uma grave mazela que persiste em permanecer entranhada na história nacional.

 As atitudes violentas que ocorrem às mulheres estão inseridas em um contexto ideológico o qual pensa que elas devem se submeter à figura masculina tendo o papel de lhe servir e agir como a sombra do homem na sociedade. Com esse pensar, põe-se em prática ações que vão de encontro à moral, ao psicológico e, principalmente ao físico das mulheres. A persistência e o agravamento desse problema acarretou, só na última década, aproximadamente 44 mil vítimas de assassinato no país.

 Ao passar do tempo, surgiram meios que visam ao combate de casos de violência contra a mulher. No primeiro governo do ex-presidente da República, por exemplo, Luís Inácio Lula da Silva, entrou em vigor a lei Maria da Penha, inspirada em uma vítima de constantes atos violentos de seu companheiro, e que já registrou, ao menos, dez mil prisões de agressores. Aliados a essa lei, programas criados no governo atual de Dilma Roussef, como a Casa da Mulher Brasileira, centros de apoio e denúncias que estão sendo instauradas no país, e a Lei do

Feminicídio, lançada este ano e anunciada pela Presidente no dia 8 de março, dia Internacional da Mulher.

Assim, deve-se debater o tema da violência contra a mulher nas escolas e, acima de tudo, no âmbito familiar, não proliferando pensamentos machistas nos jovens. Nesses debates que necessitam ser feitos, juntamente com o governo federal, tem de se deixar evidente o repúdio a essas ações violentas fomentando o respeito e a pacificidade.

Eduardo M. (Nota 680, Enem 2015, Medicina, redação cedida pelo autor).

ANÁLISE

Na primeira redação, observa-se que a candidata interpretou o tema, pois o recorte (persistência) e o tema (violência contra a mulher) são apresentados e mantidos pela recorrência das palavras-chave (persistência/violência contra a mulher/sociedade brasileira).

As teses foram bem apresentadas por meio da estratégia de causas: a violência praticada contra a mulher é fruto de uma sociedade brasileira historicamente patriarcal e se mantém devido à falta de mecanismos sociais que lhes garantam independência.

Os argumentos foram apresentados em forma de dados:

» Segundo o balanço de 2014 da Secretaria de Políticas Públicas, 31,8% das violências relatadas são psicológicas e 51,6%, violências físicas, demonstrando um arcaico pensamento masculino de posse à figura feminina.

» As leis assistem a mulher quando exerce sua figura materna, como a licença maternidade. Mulheres que não possuem filhos, mas que dependem financeiramente do companheiro se tornam alvo fácil da violência.[...].

» Segundo o Conselho Nacional de Justiça, 330 mil processos foram instaurados, 330 mil mulheres que, em 2015, após os julgamentos e frente às dificuldades diárias, provavelmente irão dar uma "nova chance" aos seus agressores e essa dependência delas é o combustível da violência contra elas.

Observa-se também que a redação apresenta repertórios legitimados (pela disciplina de História, pelos Estudos de Gênero e pelo Direito), pertinentes (palavras-chave do tema) e produtivos (articulados com os argumentos). Além disso, dá unidade ao texto por meio de elementos coesivos coerentes com as estratégias escolhidas e avalia a situação proposta no tema em passagens como: "violências ligadas aos antigos padrões sociais ainda podem ser notadas contra a mulher".

Na segunda redação, é apresentado o tema mais amplo (violência contra a mulher), mas falta o recorte, ou seja, um ponto de vista sobre a persistência da violência contra a mulher. Além disso, não há informações articuladas que possam se configurar como argumentos para defender a tese.

Parte 2

Dificuldades em escrever um texto diferenciado? Entenda o uso do repertório sociocultural na redação.

Depois de entender quais são os três pilares da produção de textos, você pode estar se perguntando: o que MAIS eu preciso saber para falar de maneira mais assertiva e escrever uma redação nota 1.000?

Primeiro, leia o depoimento de uma vestibulanda.

> Passei três anos da minha vida de vestibulanda produzindo redações com o mesmo modelo pronto de introdução. Em todas as produções, eu citava o mesmo sociólogo e sua teoria, apenas tentando adequar ao tema e fazer uma boa redação. Durante todo esse tempo, achava que o meu diferencial era poder fazer a introdução em menos de dez minutos, já que tinha todo o modelo decorado na minha cabeça. Entretanto, era justamente isso que me impedia de obter notas muito altas, visto que sempre perdia pontos no quesito contextualização. Em abril de 2019, depois de muita resistência, decidi finalmente sair da minha zona de conforto, seguir as orientações da professora Jandira Pilar e abandonar o modelo pronto que eu sempre utilizava na introdução. Felizmente, o resultado dessa mudança foi

extremamente positivo. Aceitar que algo estava errado e experimentar outra maneira de produzir o texto foi fundamental para o meu progresso na escrita da redação. Isso ampliou minha visão sobre os temas, além de ter possibilitado, pela primeira vez, minha chegada aos 980. (Nicole Strassburger, vestibulanda 2019, texto cedido pela autora)

As redações produzidas pela referida aluna me causavam um certo desconforto, pois a introdução, independentemente do tema, era sempre "a mesma". Percebi há tempos que, de modo semelhante a ela, muitos outros alunos lançam mão de "fórmulas prontas" e de "introduções-coringa", fazem cópias de textos-modelo para se sentirem mais seguros na hora da prova. Na minha opinião, entretanto, isso cria obstáculos ao ensino da leitura e da escrita, limita o processo criativo e pode restringir a autoria a cópias de textos tidos como satisfatórios.

O conceito de autoria, neste livro, embasa-se em Possenti (2002). O autor defende que, em redações escolares, há "indícios de autoria", o que consiste em "dar voz explicitamente a outros" e em "manter distância". O autor ainda ressalta que:

a. As marcas da autoria são da ordem do discurso – e, portanto, não decorrem de algumas marcas linguísticas colocadas aleatoriamente nas redações;

b. As marcas de autoria remetem a um "como" se diz, que é da ordem do autor.

Neste livro, a autoria está relacionada à habilidade de se construir uma estrutura de linguagem que se sustente na articulação entre o seu dizer e o dizer do "outro".

Esse "dizer" do escritor/falante advém de um posicionamento sobre aquilo que se discute (o tema); o dizer do "outro" advém de um repertório sociocultural, embasado em fontes confiáveis, adquirido com a leitura de livros, de reportagens, com a reflexão sobre filmes, documentários, pesquisas.

A seguir, apresento uma redação escrita na prova do Enem 2018, cujo tema é "A manipulação do comportamento do usuário pelo controle de dados da Internet" e, logo após, apresento a análise.

Redação 1

Durante a ditadura militar, vigente nas décadas de 1970 e 1980, foi instituído nas escolas de todo o país o ensino da disciplina "Educação Moral e Cívica", a qual tinha por objetivo incutir nos estudantes uma ideologia de pensamento atrelada à do Estado. Apesar de este modelo educacional não mais existir, a população atual, imersa nos avanços tecnológicos e na Internet, está submetida à outra forma de dominação: a manipulação comportamental promovida pelo controle de dados na rede. Nesse contexto, é evidente que essa "ditadura silenciosa" da modernidade acarreta não só a anulação da autonomia do indivíduo, mas também a restrição ao acesso a determinados conteúdos na Internet.

Em primeiro plano, a manipulação do comportamento em virtude do controle de dados corrobora a anulação da autonomia do usuário. Isso ocorre porque, à medida que os algoritmos desempenham as funções de selecionar e filtrar o conteúdo acessado, o indivíduo deixa de ser agente e passa a não raciocinar por si mesmo. Essa situação de alienação, consoante a ética deontológica de Immanuel Kant, configura o estado de heteronomia, no qual, em contraposição à autonomia, a capacidade racional de que é dotado todo ser humano é extremamente prejudicada. Frente a isso, para que a manipulação comportamental não ocorra, é imprescindível que os usuários façam uso de sua capacidade deliberativa, diminuindo, assim, a influência dos algoritmos nas atividades corriqueiras desenvolvidas na "web".

Além da perda de autonomia do usuário, a restrição ao acesso a determinados conteúdos é outra consequência da manipulação comportamental advinda do controle de dados. Sob essa perspectiva, os cérebros artificiais – como são chamados os algoritmos moderadores de dados – disponibilizam primordialmente os conteúdos de aparente interesse do usuário, mediante o estudo do histórico de pesquisas. Como reflexo disso, o indivíduo não "navega" por outros sites, não assiste filmes de gêneros diferentes e não lê notícias de portais distintos, por exemplo. Dessa forma, é mister que o usuário não fique restrito à "bolha" de conteúdos predestinados pelos algoritmos, já que, conforme consta na Carta Magna brasileira, o livre acesso a informações, fatos e opiniões é direito fundamental dos cidadãos, inclusive na Internet.

Portanto, com vistas a atenuar a manipulação comportamental do usuário pelo controle de dados na internet, é preciso que as escolas *ofereçam atividades extraclasse que abordem a forma como as tecnologias promovem a alienação, por meio de rodas de conversa e palestras com profissionais da psicologia e da área da informática – haja vista que essas classes podem abordar questões subjetivas e objetivas, respectivamente, advindas da alienação, a fim de que o usuário retome a autonomia, proposta por Kant. Assim, ainda com esforços das empresas para tornar os algoritmos menos invasivos e controladores, os usuários libertar-se-ão dessa ditadura silenciosa, que é tão grave quanto aquela vigente na Era Militar.*

Tanize Milbradt (Nota 980, Enem 2019, Medicina, UFSM, redação cedida pela autora).

ANÁLISE

A candidata demonstrou habilidade na leitura e na interpretação da proposta de redação e no uso dos repertórios socioculturais.

A interpretação da proposta de redação pode ser percebida pela abordagem completa do tema nas três partes da redação (introdução, desenvolvimento e conclusão). A abordagem do tema na sua totalidade é identificada no uso das palavras-chave da frase temática e no uso de elementos coesivos referenciais. A escolha desses elementos linguísticos evitou a fuga ou tangenciamento do tema e demonstrou o excelente nível de vocabulário da candidata.

A estrutura dissertativa-argumentativa pode ser reconhecida nas três partes, as quais cumpriram suas funções específicas. Na introdução, a autora contextualizou (com repertório legitimado, pertinente e com uso produtivo) e apresentou o tema e as teses (projetos de texto). Nos parágrafos de desenvolvimento, selecionou, organizou, relacionou e interpretou informações, mantendo o projeto de texto no foco. Na conclusão, ela retomou o tema, reafirmou as teses e fez o fechamento com uma frase de efeito, retomando o ponto de partida (conclusão-circuito). Além disso, elaborou propostas de intervenção completas e coerentes, respeitando os direitos humanos.

Em relação à tessitura textual, pode-se salientar o uso de elementos coesivos entre orações e períodos (intraparágrafos) e também entre os parágrafos (interparágrafos). Com isso, os três pilares da redação (tema, tese e argumentos) ficaram articulados, e a redação manteve a unidade e a progressão temática.

A autoria, conforme proposta neste material, manifestou-se na articulação entre o dizer da autora e os dizeres do "outro", advindos das áreas de conhecimento que foram mobilizadas.

Na introdução, foram utilizados conhecimentos da área da História para relacionar o contexto político da ditadura militar (décadas 1960-1980) e o contexto tecnológico atual. Pode-se observar que a aluna apresentou repertório legitimado, pertinente e produtivo, com o qual acionou os conhecimentos prévios do leitor/banca, quando relacionou o contexto da ditadura militar e o contexto tecnológico atual. Na redação, a manipulação do comportamento dos indivíduos (na escola, pelo ensino da Educação Moral e Cívica) e dos usuários (na Internet, pelo controle de dados/algoritmos) é o ponto de intersecção entre o repertório sociocultural e o tema.

No primeiro parágrafo do desenvolvimento, a autoria é manifestada na relação entre a tese (anulação da autonomia) e a ética deontológica de Immanuel Kant. A autora mostrou ter conhecimento quando fundamentou a tese em argumentos baseados nos conceitos kantianos (autonomia/heteronomia) e quando relacionou, por meio de vocabulário coerente e pertinente, esses conceitos ao estado de alienação, no qual vivem os usuários da Internet.

No segundo parágrafo de desenvolvimento, a autoria foi assegurada pela relação que a autora faz entre a consequência (restrição ao acesso a determinados conteúdos) e o repertório (menção à Carta Magna), momento em que argumenta sobre a violação de direitos previstos no documento, a qual é promovida pelos algoritmos (controle de dados).

Propôs intervenções – com agente, ação, meio, detalhamento e efeito – conforme esperado em uma redação do Enem. Além disso, conferiu unidade ao texto quando, por meio da "conclusão-circuito", voltou ao ponto de partida e propôs a escola como um dos agentes responsáveis para "solucionar" o problema abordado no tema. Indo além, demonstrou capacidade reflexiva ao propor que as instituições de ensino devem formar sujeitos com autonomia, papel que lhes foi negado durante o período da ditadura militar.

> Essa habilidade demonstrada pela candidata de relacionar os conhecimentos adquiridos durante a sua formação escolar com a sua tese e com os argumentos constitui autoria.

A seguir, apresento um esquema que organizei a partir da redação cedida pela aluna. É uma espécie de "mapa mental" que mostra o percurso lógico realizado pela autora do texto. Saliento que esta é apenas uma das possíveis leituras, cujo objetivo é demonstrar a importância de uma das etapas mais importantes na escrita da redação: o planejamento.

Com o esquema, procurei ilustrar o processo de construção textual, realizado por uma candidata que conseguiu ter um excelente desempenho na prova de redação e, como consequência, conseguiu alcançar sua aprovação no curso de Medicina na universidade pública dos seus sonhos.

Ler e escrever bem

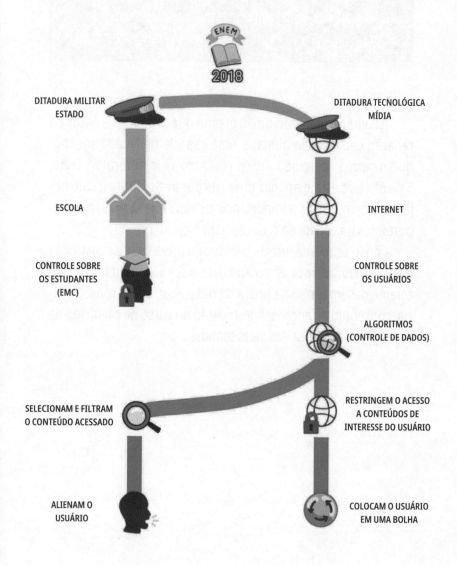

Parte 3

Dificuldades em dar sequência às ideias? Aprenda a usar as estratégias de progressão temática.

Profª Drª Cristiane Fuzer (UFSM)

O texto, para ser coerente e coeso, precisa não só estar adequado ao tema solicitado, mas também progredir no tema, ou seja, avançar no nível informacional, mantendo um equilíbrio entre as informações dadas e as novas. Assim, o leitor pode acompanhar a linha de raciocínio que conduz o texto, recuperando o que já foi dito e relacionando ao que ainda não lhe é conhecido.

Um texto sem adequada progressão temática pode dificultar sobremaneira o fluxo informacional, o que demandará do leitor grande esforço na tentativa de encontrar uma linha de raciocínio. Essa situação costuma desmotivar o leitor à continuidade da leitura – afinal, quem tem tempo, interesse e paciência para ler até o fim um texto com lacunas de informação ou com circularidades?

No caso de um processo avaliativo, essa não é, porém, a pior consequência, já que os avaliadores leem o texto até o final, com ou sem motivação. O problema é que a falta de progressão temática fragiliza o projeto argumentativo do texto, comprometendo outros fatores de textualidade, como a coerência, a coesão e a clareza da tese e dos argumentos. Isso precisa ser considerado em todas as unidades que constituem sentido – seja num parágrafo, seja na passagem entre um parágrafo e outro, seja no texto como um todo constituído de vários parágrafos.

Para perceber isso na prática, vamos ler o Texto 1.

Texto 1

Apesar do crescimento do acesso à educação básica nos últimos dez anos, o Brasil segue sem avanços significativos na avaliação de desempenho dos estudantes em leitura, matemática e ciências. Uma educação de qualidade implica na análise de muitos e diferentes fatores. É preciso que o país reavalie seus métodos de ensino e incremente os investimentos em educação de qualidade.

(Elaborado pela autora do capítulo)

Você diria que esse texto apresenta claramente um tema? As informações apresentadas fazem a abordagem desse tema progredir? Vamos à análise:

Apesar do crescimento do acesso à educação básica nos últimos dez anos, <u>o Brasil</u> segue sem avanços significativos na **avaliação de desempenho dos estudantes em leitura, matemática e ciências.** Uma **educação de qualidade** implica na análise de muitos e diferentes fatores. É preciso que

> o país reavalie seus **métodos de ensino** e **incremente os investimentos em educação de qualidade.**

Os termos destacados em negrito integram um mesmo campo lexical: educação. Os termos sublinhados apontam o contexto espacial em que a educação está sendo abordada: o Brasil. É possível identificar, assim, que o tema do texto é a educação brasileira. Até aqui, tudo bem!

Entretanto, ao terminar a leitura do Texto 1, você provavelmente está se fazendo uma série de perguntas, entre as quais:

» A que sistema de avaliação está se referindo?

» Quando foi feita tal avaliação?

» Que avanços eram esperados ou qual a posição do Brasil no *ranking* de desempenho no momento em que o texto foi produzido?

» Quais os diferentes fatores implicados na análise da educação de qualidade?

» Que métodos de ensino precisam ser reavaliados?

» Que investimentos precisam ser feitos para qualificar a educação?

» As informações solicitadas nessas questões são necessárias para contextualizar o tema e servir de evidências ou provas ao que se está dizendo.

Além disso, no Texto 1, verificam-se três linhas de raciocínio em um único parágrafo, as quais estão sinalizadas pelas marcas linguísticas em destaque:

A linha de raciocínio 1 anuncia uma situação-problema ("sem avanços significativos"). A 2 anuncia fatores envolvidos na situação ("muitos e diferentes fatores"). A 3 anuncia soluções para o problema ("É preciso"), relacionadas a dois procedimentos ("reavalie seus métodos de ensino" e "incremente seus investimentos em educação").

Cada uma dessas enunciações é muito interessante e pertinente ao tema educação no Brasil, mas nenhuma delas progrediu, fazendo com o que o Texto 1 pareça mais uma lista de ideias não desenvolvidas, ou uma "tempestade de ideias" – o que, aliás, é muito útil na fase de planejamento do texto, mas não como versão final.

Essas linhas de raciocínio, somadas às perguntas que nos fizemos anteriormente, poderiam ser esquematizadas da seguinte forma:

> Apesar do crescimento do acesso à educação básica nos últimos dez anos, o Brasil **segue sem avanços significativos**[1] na avaliação de desempenho dos estudantes em leitura, matemática e ciências. Uma educação de qualidade, no Brasil, implica na **análise de muitos e diferentes fatores**[2]. **É preciso que o país reavalie seus métodos de ensino e incremente os investimentos em educação de qualidade**[3].

A linha de raciocínio 1 anuncia uma situação-problema ("sem avanços significativos"). A 2 anuncia fatores envolvidos na situação ("muitos e diferentes fatores"). A 3 anuncia soluções para o problema ("É preciso"), relacionadas a dois procedimentos ("reavalie seus métodos de ensino" e "incremente seus investimentos em educação"). Cada uma dessas enunciações é muito interessante e pertinente ao tema educação no Brasil, mas nenhuma delas progrediu, fazendo com que o Texto 1 pareça mais uma lista de ideias não desenvolvidas, ou uma "tempestade de ideias" – o que, aliás, é muito útil na fase de planejamento do texto, mas não como versão final.

Essas linhas de raciocínio, somadas às perguntas que nos fizemos anteriormente, poderiam ser esquematizadas da seguinte forma:

Situação-problema
Apesar do crescimento do acesso à educação básica nos últimos dez anos, o Brasil segue sem avanços significativos na avaliação de desempenho dos estudantes em leitura, matemática e ciências.

Qual avaliação? Quando?
Qual a posição no ranking?

Fatores
Uma educação de qualidade, no Brasil, implica na análise de muitos e diferentes fatores.

Quais fatores?

Soluções
É preciso que o país reavalie seus métodos de ensino e incremente os investimentos em educação de qualidade.

Quais investimentos? Por quê? Como?

Quais métodos? Por quê? Como?

Ao responder a essas questões, as lacunas de informação do texto serão preenchidas e, consequentemente, a progressão temática acontecerá. As respostas apresentadas refletirão o grau de conhecimento e reflexão do produtor do texto sobre o tema, resultando em um texto com determinada densidade de informações que servem como argumentos.

Ler e escrever bem

As passagens destacadas em itálico, no Texto 2, são algumas das possibilidades de promover progressão das informações inicialmente declaradas.

Texto 2

Apesar do crescimento do acesso à educação básica nos últimos dez anos, **o Brasil segue sem avanços significativos na avaliação de desempenho dos estudantes em leitura, matemática e ciências.** *Conforme os resultados do Programa Internacional de Avaliação de Estudantes (PISA) de 2018, o país ficou entre os últimos dez colocados nas provas de matemática e ciências e se mantém estagnado em leitura na comparação entre os resultados nos últimos dez anos.*

Uma educação de qualidade implica na análise de muitos e diferentes fatores. *Um deles é a infraestrutura escolar. Um estudo desenvolvido pela UNESCO em parceria com a UFMG, publicado em 2019, prova que o desempenho da aprendizagem dos estudantes é maior quando as escolas são convidativas e oferecem segurança, conforto, limpeza e acessibilidade. Além disso, o uso de recursos tecnológicos contribui para tornar as aulas mais motivadoras, criativas e dinâmicas, envolvendo e dando autonomia a crianças e jovens de uma geração cada vez mais conectada.*

Mas isso terá impacto, de fato, na aprendizagem dos alunos se outro fator determinante para a educação de qualidade for considerado: professores bem preparados e motivados. Pesquisadores da Faculdade de Educação da Universidade Stanford constataram que estudantes com o mesmo nível socioeconômico, na mesma escola e na mesma série aprendem metade do que deveriam no ano quando têm professores fracos, ao passo que aqueles que têm bons professores aprendem o equivalente a um ano a mais. Não é por outra razão que potências educacionais, como a Finlândia, colocam a formação e valorização dos professores como ponto chave de suas reformas.

É preciso que o país reavalie seus métodos de ensino e incremente seus investimentos em educação. Um dos métodos que precisa ser revisto é das avaliações sucessivas, que aumentam a tensão nos alunos e professores e fomentam a competição, desviando o foco do aprendizado. Em vez disso, sistemas que possibilitem que os alunos tenham papel ativo no planejamento das aulas, como os projetos temáticos, têm sido bem-sucedidos, a exemplo, novamente, da Finlândia. Adequações metodológicas como essa passam, necessariamente, pela qualificação dos professores e pela infraestrutura escolar, o que implicam, por conseguinte, maiores investimentos em educação. O Brasil precisa investir muito na formação dos professores e na valorização da carreira, pagando salários maiores e melhorando a infraestrutura das escolas.

(Elaborado pela autora do capítulo)

Agora o texto ficou mais informativo e, por conseguinte, com mais consistência argumentativa, não é mesmo? Por outro lado, você já deve ter percebido outro problema: qual a relação entre a posição do Brasil no PISA e os fatores para uma educação de qualidade? E qual a relação entre esses fatores e a reavaliação dos métodos de ensino e o aumento dos investimentos em educação?

De fato, ainda falta conectar, de algum modo, as informações que compõem cada linha de raciocínio. Em outras palavras, faltam "pontes" entre os "blocos" de informações ou as etapas do texto. As passagens destacadas em negrito no Texto 3 exemplificam algumas possibilidades de construção dessas "pontes", articuladas pelos elementos linguísticos que aparecem sublinhados.

Texto 3

Apesar do crescimento do acesso à educação básica nos últimos dez anos, o Brasil segue sem avanços significativos na avaliação de desempenho dos estudantes em leitura, matemática e ciências. Conforme os resultados do Programa Internacional de Avaliação de Estudantes (PISA) de 2018, o país ficou entre os últimos dez colocados nas provas de matemática e ciências e se mantém estagnado em leitura na comparação entre os resultados nos últimos dez anos.

*Essa **situação** só poderá ser revertida quando o país priorizar a busca por uma educação de qualidade, que implica na análise de **muitos e diferentes fatores**. Um deles é a infraestrutura escolar. Um estudo desenvolvido pela UNESCO em* *parceria com a UFMG, publicado em 2019, prova que o desempenho da aprendizagem dos estudantes é maior quando as escolas são convidativas e oferecem segurança, conforto, limpeza e acessibilidade. Além disso, o uso de recursos tecnológicos contribui para tornar as aulas mais motivadoras, criativas e dinâmicas, envolvendo e dando autonomia a crianças e jovens de uma geração cada vez mais conectada.*

Mas <u>recursos físicos</u> terão impacto, de fato, na aprendizagem dos alunos se <u>outro fator</u> determinante para a educação de qualidade for considerado: professores bem preparados e motivados. *Pesquisadores da Faculdade de Educação da Universidade Stanford constataram que estudantes com o mesmo nível socioeconômico, na mesma escola e na mesma série aprendem metade do que deveriam no ano quando têm professores fracos, ao passo que aqueles que têm bons professores aprendem o equivalente a um ano a mais. Não é por outra razão que potências educacionais, como a Finlândia, colocam a formação e valorização dos professores como ponto chave de suas reformas.*

Na <u>reforma</u> educacional brasileira, *é preciso que o país reavalie seus <u>métodos de ensino</u> e <u>incremente seus investimentos em educação</u>.* **Um método que precisa ser revisto é <u>avaliações sucessivas</u>,** *que aumentam a tensão nos alunos e professores e fomentam a competição, desviando o foco do aprendizado.* **Em vez disso, <u>métodos que possibilitem que os alunos tenham papel ativo no planejamento das aulas, como os projetos temáticos</u>,** *têm sido bem-sucedidos, a exemplo, novamente, da Finlândia. Adequações metodológicas como essa passam, necessariamente, pela qualificação dos professores e pela* *infraestrutura escolar, o que implicam, por conseguinte, maiores investimentos em educação – num ciclo constante.*

*O Brasil precisa, **portanto**, investir muito <u>na formação dos professores e na valorização da carreira</u>, pagando salários maiores e melhorando a <u>infraestrutura</u> das escolas. Só assim se poderá exigir deles maior motivação e qualificação para implementar <u>métodos de ensino inovadores e eficazes</u> para alcançar <u>a educação de qualidade</u> de que o país tanto precisa **para, então, vislumbrar <u>avanços mais significativos nas avaliações de desempenho dos estudantes</u>.***

(Elaborado pela autora do capítulo)

No início do segundo parágrafo, a expressão "essa situação" serve de ponte entre a informação dada (retoma a situação-problema apresentada no primeiro parágrafo) e a informação nova que virá na sequência (a educação de qualidade). Isso configura a estratégia de progressão temática denominada **Tema Constante**, que estudaremos com mais detalhes na próxima seção.

A relação entre a situação de estagnação do desempenho dos estudantes brasileiros na avaliação e a educação de qualidade é explicitada com o encaminhamento da ideia de solução, expressa em "só poderá ser revertida quando o país priorizar a busca por uma educação de qualidade". A partir disso, a expressão "muitos e diferentes fatores" anuncia novas informações, que são introduzidas pelas expressões "um deles", relacionada a "infraestrutura escolar", no mesmo parágrafo, e "outro fator", relacionada a "professores" no parágrafo seguinte. Esse encadeamento das informações configura a estratégia de progressão temática denominada **Subdivisão do Rema**, que veremos adiante.

Além da subdivisão, outra estratégia é mobilizada para marcar ainda mais a relação de sentido entre o primeiro e o segundo fator: a expressão "recursos físicos" retoma as informações dadas no parágrafo anterior, especialmente os recursos que foram citados ("segurança, conforto, limpeza e acessibilidade", "recursos tecnológicos"), configurando a estratégia de progressão temática **Linear**, que também veremos adiante.

Ademais, foi usado um recurso bastante importante no caráter argumentativo do texto: o operador argumentativo "mas", que sinaliza uma escala, colocando o segundo fator em posição de destaque em relação ao primeiro. Como isso é assunto para outro capítulo, sigamos na análise da progressão temática.

A ponte entre o terceiro e o quarto parágrafo é realizada pela palavra "reforma", que reitera a ideia usada para finalizar o argumento referente ao professor como fator determinante da qualidade na educação. Novamente, a progressão temática linear é utilizada para demarcar a passagem de uma informação dada ("reformas" educacionais na Finlândia) para uma informação nova ("reforma educacional brasileira"), explicitando a relação de comparação entre os dois países.

No último parágrafo, a relação de conclusão é introduzida pela conjunção "portanto", e o contexto a que as conclusões que virão se referem é explicitado por "o Brasil". As informações principais desenvolvidas nos parágrafos anteriores são recuperadas e "amarradas", constituindo uma síntese do texto. A menção a investir "na formação de professores e na valorização da carreira" reitera o segundo fator envolvido na educação de qualidade, que fora desenvolvido no terceiro parágrafo; "a infraestrutura" reitera o primeiro fator, desenvolvido no segundo parágrafo; "métodos de ensino inovadores e eficazes" e "investir" reiteram as soluções desenvolvidas no quarto parágrafo. Por fim, "avanços mais significados nas avaliações de desempenho dos estudantes" retoma a situação-problema apresentada no primeiro parágrafo, fechando o circuito textual.

Para conhecer, em mais detalhes, algumas das principais estratégias de progressão temática mapeadas pelos cientistas da linguagem, antes é necessário compreender duas funções básicas que compõem a mensagem em orações e períodos: o ponto de partida da mensagem (Tema) e as informações responsáveis por desenvolver o ponto de partida (Rema).

Nos exemplos a seguir, o **ponto de partida** está destacado em negrito.

EXEMPLO 1

Pesquisadores da Faculdade de Educação da Universidade Stanford constataram que estudantes com o mesmo nível socioeconômico, na mesma escola e na mesma série aprendem metade do que deveriam no ano quando têm professores fracos (...).

No exemplo 1, o produtor do texto escolheu iniciar a mensagem pelos agentes responsáveis pela informação que será apresentada na sequência. Se o produtor do texto quiser dar proeminência para o objeto da pesquisa, o período poderá ser organizado como no exemplo 2.

EXEMPLO 2

O baixo aprendizado de estudantes com o mesmo nível socioeconômico, na mesma escola e na mesma série com professores fracos foi constatado por pesquisadores da Faculdade de Educação da Universidade Stanford (...).

Outra possibilidade é colocar como ponto de partida da oração informações circunstanciais (tempo, lugar, fonte, causa), como no Exemplo 3.

EXEMPLO 3

Na reforma educacional brasileira, é preciso que o país reavalie seus métodos de ensino e incremente seus investimentos em educação.

As informações circunstanciais podem ser realizadas também por orações, como no exemplo 4, em que a circunstância de tempo é introduzida pela conjunção "quando".

> **EXEMPLO 4**
>
> **Quando fizer sua reforma educacional**, o Brasil precisará reavaliar seus métodos de ensino e incrementar seus investimentos em educação.

No Exemplo 5, a proeminência está na circunstância que serve de fonte para a informação que é apresentada na sequência. Tal escolha contribui para dar mais credibilidade à declaração referente à colocação do Brasil no PISA.

> **EXEMPLO 5**
>
> **Conforme os resultados do Programa Internacional de Avaliação de Estudantes (PISA) de 2018**, o país ficou entre os últimos dez colocados nas provas de matemática e ciências e se mantém estagnado em leitura na comparação entre os resultados nos últimos anos.

Agora que você já sabe reconhecer o ponto de partida das orações e dos períodos, podemos passar para algumas das principais estratégias usadas para dar progressão ao texto.

1. Progressão Temática Constante

A informação posicionada como ponto de partida da oração é a mesma da oração seguinte, mantendo-se o foco em tal informação, como no exemplo 6.

EXEMPLO 6

(...) **as pessoas** alienam-se e **[as pessoas]** creem que são livres, quando, na verdade, **[as pessoas]** são manipuladas pelos detentores das riquezas – a saber, donos de grandes empresas.

Nesse excerto, o ponto de partida "as pessoas" da primeira oração se mantém constante nas orações subsequentes, razão pela qual o sujeito está em elipse.

Além disso, o ponto de partida pode ser mantido por meio de um termo que integra uma expressão que possibilita a delimitação do tema do texto, como se verifica no exemplo 7.

EXEMPLO 7

A mulher vem, ao longo dos séculos XX e XXI, adquirindo valiosas conquistas, como o direito de votar e ser votada. **Entretanto, a violência contra <u>este gênero</u>** parece não findar, mesmo com a existência de dispositivos legais que protegem a mulher. **A diminuição dos índices <u>deste tipo de violência</u>** ocorrerá no momento em que os dispositivos legais citados passarem a ser realmente eficazes e o machismo for efetivamente combatido, desafios esses que precisam ser encarados tanto pelo Estado quanto pela sociedade civil. A Lei Maria da Penha e a Lei do Feminicídio, por exemplo, são dispositivos legais que protegem a mulher. Entretanto, estes costumam ser ineficazes, visto que a população não possui esclarecimentos sobre eles. Dessa forma, muitas mulheres são violentadas diariamente e não denunciam por não terem conhecimento sobre as ditas leis.

Excerto de redação nota mil ENEM 2015. Disponível em: <https:// blogdoenem.com.br/redacao_enem_nota_1000/>. Acesso em: 07 de fev. de 2020.

Esquema:

A ⟶ B
A ⟶ C
A ⟶ D

A informação A se mantém como ponto de partida de duas ou mais orações, nas quais informações novas (B, C, D) são apresentadas no Rema.

2. Progressão Temática Linear

O ponto de partida é a retomada de um termo que aparece no Rema (sublinhado) da oração, do período ou até mesmo do parágrafo anterior.

EXEMPLO 8

Por orientar as inúmeras relações sociais existentes na sociedade, a ética tem um papel significativo na vida dos cidadãos. **O conjunto de valores morais enraizado na cultura social ética** guia momentos de escolha que influenciam relações coletivas. **Tal influência**, presenciada nitidamente no cotidiano, também é retratada em obras literárias como "A Hora e a Vez de Augusto Matraga", de Guimarães Rosa. **Nesse livro**, o personagem Nhô Augusto enfrenta momentos difíceis em sua vida pessoal de modo a refletir sobre suas atitudes e a decidir qual o melhor modo de agir e não mais prejudicar as pessoas ao seu redor. **Tal representação, apesar de literária**, simboliza fatos semelhantes da realidade em razão do universalismo da obra de Guimarães Rosa. **Assim, é notável quão essencial** a ética é na vida do cidadão por orientar comportamentos nas relações sociais.

Esquema:

A ⟶ B
B ⟶ C
D ⟶ E

A informação que constitui o Rema da oração anterior (B) é retomada total ou parcialmente como ponto de partida da oração subsequente (B), na qual se agrega um novo Rema (C), e assim sucessivamente.

3. Progressão Temática por Subdivisão do Ponto de Partida

O ponto de partida do período anterior é desdobrado nos períodos subsequentes, enumerando e especificando informações que constituirão o processo argumentativo.

EXEMPLO 9

Os responsáveis pelo bem-estar social devem tomar medidas urgentes. **Ao terceiro setor e ao Governo Federal**, cabe a tarefa de reverter esse quadro. **O terceiro setor** – composto por associações que buscam se organizar para conseguir melhorias na sociedade – deve conscientizar, por meio de palestras e grupos de discussão, os pais e os familiares das crianças para que discutam com elas a respeito do consumismo e dos males disso. Por fim, **o Estado** deve regular os conteúdos veiculados nas campanhas publicitárias, para que essas não tentem convencer pessoas que ainda não têm o senso crítico desenvolvido. Além disso, ele deve multar as empresas publicitárias que não respeitarem suas determinações. Com esses atos, a publicidade infantil deixará de ser tão prejudicial e as crianças brasileiras poderão crescer e se desenvolver de forma mais saudável.

Excerto de redação nota mil ENEM 2014. Disponível em: <https:// blogdoenem.com.br/redacao_enem_nota_1000/>. Acesso em: 08 fev. 2020.

Esquema:

A ⟶ B
A1 ⟶ C
A2 ⟶ D

A informação geral (A) que está no início do período é subdividida em informações mais específicas (A1 e A2) nas orações ou períodos subsequentes, nos quais são desenvolvidas (C e D).

4. Progressão Temática por Subdivisão do Rema

A informação que funciona como Rema é desdobrada nos períodos subsequentes, enumerando e especificando informações que funcionam como partes de um Rema superordenado.

EXEMPLO 10

Essa situação só poderá ser revertida quando o país priorizar a busca por uma educação de qualidade, que implica na análise de muitos e diferentes fatores. Um deles é a infraestrutura escolar. Um estudo desenvolvido pela UNESCO em parceria com a UFMG, publicado em 2019, prova que o desempenho da aprendizagem dos estudantes é maior quando as escolas são convidativas e oferecem segurança, conforto, limpeza e acessibilidade. Além disso, o uso de recursos tecnológicos contribui para tornar as aulas mais motivadoras, criativas e dinâmicas, envolvendo e dando autonomia a crianças e jovens de uma geração cada vez mais conectada.
Mas recursos físicos terão impacto, de fato, na aprendizagem dos alunos se outro fator determinante para a educação de qualidade for considerado: professores bem preparados e motivados. Pesquisadores da Faculdade de Educação da Universidade Stanford constataram que estudantes com o mesmo nível socioeconômico, na mesma escola e na mesma série aprendem metade do que deveriam no ano quando têm professores fracos,

ao passo que aqueles que têm bons professores aprendem o equivalente a um ano a mais. Não é por outra razão que potências educacionais, como a Finlândia, colocam a formação e valorização dos professores como ponto chave de suas reformas.

EXEMPLO 11

A proteção das crianças brasileiras quanto às investidas do mercado deve, portanto, ser promovida não apenas pelo Estado, mas também por aqueles que são responsáveis por sua formação. Ao primeiro cabe apresentar projetos de lei que limitem o teor persuasivo das propagandas. Sua aprovação contaria com a aprovação da população. Além disso, disciplinas extras poderiam ser criadas com o respaldo na atual LDB (Lei de Diretrizes e Bases da Educação), para que houvesse a conscientização desses "pequenos cidadãos" no que se refere a problemática do consumo excessivo. Vale ainda citar o papel dos pais, aos quais cabe a importante função de ser um bom exemplo, afinal, a verdadeira felicidade não pode ser mediada por elementos materiais e sim pelo amor.

Excerto de redação nota mil ENEM 2014. Disponível em: <http://g1.globo.com/educacao/enem/2015/noticia/2015/05/leia-­redacoes-do-enem-que-tiraram-nota-maxima-no-exame-­de-2014.html>. Acesso em: 29 de ago. de 2020.

Esquema:

A ⟶ B
B1 ⟶ C
B2 ⟶ D

A informação geral (B) que está no Rema é subdividida em informações mais específicas que passam a ser o ponto de partida (B1 e B2) das orações ou períodos subsequentes, nos quais são desenvolvidas (C e D).

Dicas sobre o título

Sabendo que o título pode funcionar como um recurso argumentativo importante para o texto, eis algumas alternativas:

1. Desempenho dos estudantes brasileiros;
2. A educação brasileira pede socorro;
3. Como alcançar uma educação de qualidade no Brasil?;
4. Boas escolas e bons professores, estudantes bem-sucedidos.

Algumas perguntas podem auxiliar na escolha do título mais adequado e pertinente para o texto em questão:

(a) Aponta o tema?
(b) Explicita ou dá pistas da tese?
(c) Aponta argumentos?

O critério (a) está contemplado em todos os títulos oferecidos, já que os itens lexicais "estudantes", "educação brasileira", "educação de qualidade" e "escola, professores, estudantes" remetem ao campo semântico do tema abordado no texto.

O critério (b) é atendido no título 3, em que a pergunta "como alcançar" solicita uma opinião de solução, e no título 4, em que "boas", "bons" e "bem-sucedidos" são índices de avaliação. O título 1 não atende ao critério (b), pois não apresenta nenhum índice avaliativo nem demanda um posicionamento. O título 2 aponta para um problema que é introduzido no texto, mas não é o foco principal da argumentação.

O critério (c) é atendido apenas pelo título 4, pois dá pistas da estratégia argumentativa desenvolvida no texto: causas ("boa escola e bons professores") e consequências ("estudantes bem-sucedidos"). A expressão "boas escolas" remete aos argumentos relacionados à infraestrutura das instituições de ensino; "bons professores" remete aos argumentos relacionados à formação e valorização dos professores que atuam nas escolas, e "estudantes bem-sucedidos" remete ao resultado esperado nas avaliações de desempenho (como o PISA).

Portanto, o título 4 pode ser considerado o mais adequado e pertinente para o texto em questão.

Profª Drª Cristiane Fuzer (UFSM)

Tem Pós-doutorado em Linguística Aplicada e Estudos da Linguagem pela Pontifícia Universidade Católica de São Paulo (PUC-SP), Doutorado e Mestrado em Letras Estudos Linguísticos pela Universidade Federal de Santa Maria (UFSM), com estágio doutoral na Faculdade de Letras de Lisboa, Portugal, e Graduação em Letras Licenciatura em Língua Portuguesa e Literaturas pela UFSM. É Professora Associada do Departamento de Letras Vernáculas e do Programa de Pós-Graduação em Letras da Universidade Federal de Santa Maria (UFSM) e coordenadora do projeto de extensão Ateliê de Textos.

Parte 4

Exercícios

1. Nos textos abaixo, destaque as teses (em vermelho), os argumentos principais (em azul) e os argumentos secundários (em verde). A seguir, analise os repertórios, classificando-os em: pertinentes, legitimados e produtivos.

Redação 1

Japoneses, italianos, portugueses, açorianos ou espanhóis. Durante o século XIX, muitos foram os povos que, em busca de trabalho e bem-estar, desembarcaram no Brasil e enriqueceram nossa cultura. Atualmente, em pleno século XXI, a imigração para o Brasil mantém-se crescente, desafiando não somente nossa sociedade como também nossa economia.

Assim como os antigos imigrantes, os indivíduos que hoje se instalam em território brasileiro anseiam por melhores e mais dignas condições de vida. Muitos deles, devido à Crise Econômica em 2008, viram-se obrigados a se dirigir a outras nações, como o Brasil. Os espanhóis, por exemplo, por terem sido intensamente atingidos pela recessão, já somam uma quantidade expressiva na periferia de São Paulo. Diante disso, a fração da sociedade que reside em tal localidade vem enfrentando muitas dificuldades em "dividir" seu espaço que, antes da chegada dos europeus, não se mostrava adequado, quem dirá posteriormente a esse fato. Segundo pesquisas realizadas pelo jornal Folha de S. Paulo, no primeiro semestre de 2012, brasileiros e os novos imigrantes espanhóis dos arredores paulistas vivem em constantes conflitos, e a causa se traduz, justamente, na irregularidade habitacional que ambos compartilham.

Como se não bastasse, a economia brasileira também tem sido desafiada com a chegada dos imigrantes. Existem, entre eles, tanto trabalhadores desqualificados como também profissionais graduados. O problema reside na pouca oferta de emprego a eles destinada. Visto que não recebem oportunidades, passam a integrar o setor informal da economia, sem direitos trabalhistas e com ausência de pagamento dos devidos impostos. O Estado, dessa forma, deixa de arrecadar capital e de aproveitar a disponibilidade de mão de obra, o que auxiliaria no andamento da economia brasileira.

Assim, com a finalidade de preparar a sociedade e a economia brasileira para a chegada dos novos imigrantes, medidas devem ser tomadas. O Estado deve oferecer incentivos às empresas que empregarem os recém-chegados, e essas devem, por sua vez, prepará-los para o mercado brasileiro, oferecendo-lhes treinamento adequado, cursos de Língua Portuguesa e garantia dos direitos trabalhistas. É imprescindível ainda que o governo procure novas habitações para os imigrantes e que nós, brasileiros, respeitemos os distintos povos que, desde nossa formação, somente têm a nos acrescentar.

Larissa Comazzetto (Nota 1000, Enem 2012, Medicina, Universidade Federal de Santa Maria - UFSM, redação cedida pela autora).

Redação 2

  No século XVI, os Jesuítas vieram para o Brasil com o objetivo de difundir o catolicismo. Já no século XIX, com o elevado número de escravos no país, religiões afro-brasileiras também ganharam espaço no cenário nacional. Nota-se, desse modo, que a diversidade religiosa sempre esteve presente na história do Brasil, contudo, ao contrário do que se espera, a intolerância religiosa vem crescendo atualmente. Investir em uma educação voltada para a alteridade e fortalecer a laicidade do Estado: eis possíveis caminhos para combater a intolerância religiosa no Brasil.

  Primeiramente, é imprescindível destacar a importância da educação no combate à intolerância. É por meio da convivência com diferentes modos de pensar na escola que os jovens conhecem e aprendem a valorizar as diferentes culturas e credos. Por meio de uma educação voltada para a alteridade, ou seja, que ensine a ver o outro como igual em direitos, se formará jovens cidadãos mais tolerantes e respeitosos. Já dizia o estudioso Paulo Freire: "Se a educação não muda a sociedade, tampouco sem ela a sociedade muda". Nessa perspectiva, é dever das escolas reformularem seus planos de ensino, incluindo debates e palestras sobre a vasta diversidade religiosa no país, a fim de combater a intolerância aos diferentes credos.

  Paralelamente, é de suma importância fortalecer a laicidade do Estado, impedindo a implantação de políticas de caráter religioso. Não raro, encontram-se no país projetos e emendas de leis de cunho religioso desmerecendo e perseguindo ideologicamente as demais religiões. Isso pode ser ilustrado pela volumosa bancada evangélica na Câmara dos Deputados e pelo aumento de pastores eleitos nas últimas eleições. Nesse contexto, é dever do Estado por meio do poder judiciário, garantir a laicidade dos órgãos públicos, coagindo e punindo atitudes segregacionistas e intolerantes vindas de representantes do povo. Ademais, cabe à sociedade como um todo vigiar e exigir o respeito a todas as religiões.

Percebe-se, portanto, a necessidade de combater a intolerância religiosa no Brasil. Parafraseando Carlos Drummond de Andrade, há diversas pedras no caminho para a tolerância religiosa. Somente com a união de diversos agentes sociais – escola, Estado e sociedade – conseguiremos, aos poucos, combater a intolerância religiosa e valorizar a diversidade de credos no Brasil.

Henrique Herpich (Nota 940, Enem 2016, Medicina, Universidade Federal de Ciências da Saúde de Porto Alegre - UFCSPA, redação cedida pelo autor).

Redação 3

Caminhando rumo à harmonia.

Dentre as novidades da Constituição de 1891, promulgada após a Proclamação da República, está a instituição de um Estado laico, o que acabou com a perseguição oficial às religiões não católicas. Contudo, passados mais de um século e mais de cinco constituições, o Brasil ainda sofre com a intolerância religiosa.

Para combatermos a intolerância, sem dúvida, a educação e a convivência são os melhores caminhos.

De fato, a educação é o principal caminho para enfrentarmos a intolerância religiosa. Isso porque o desrespeito e, por vezes, o ódio à crença alheia só floresce onde há desconhecimento. Desse modo, a escola, cuja função é a formação ética dos jovens, deve permitir que os estudantes aprendam sobre a diversidade de crenças no Brasil e o quão positivo isto é para a sociedade. Para tanto, deve-se discutir nas aulas de História e de Sociologia a importância da tolerância religiosa. Além disso, a literatura brasileira é rica em obras que possibilitam a reflexão sobre a relação do ser humano com a fé, as quais devem ser lidas e analisadas em sala de aula. A obra "Olhos d'Água", de Conceição Evaristo, por exemplo, pode ajudar na abordagem das religiões de matriz africana, fortemente atingidas pela intolerância, como mostram as pesquisas.

Outro caminho no combate à intolerância religiosa no Brasil é a convivência. É imprescindível que haja maior contato entre seguidores de diferentes crenças. Isso porque é mais fácil compreendermos e respeitarmos aquilo que conhecemos. Desse modo, a Secretaria dos Direitos Humanos, em parceria com diferentes grupos religiosos, deve promover encontros públicos para celebrar a beleza que é viver em um país de múltiplas fés e credos. Outrossim, as igrejas e demais centros religiosos devem promover mais cultos ecumênicos, a fim de que as pessoas percebam que harmonia é possível.

Entende-se, pois, que o combate à intolerância religiosa pressupõe educar e conviver. Só assim, o Brasil caminhará rumo há *harmonia e fará valer a máxima de Victor Hugo: "A tolerância é a maior das religiões".*

Débora Dornelles (Nota 980, Enem 2016, Medicina, Universidade Federal do Rio Grande do Sul - UFRGS, redação cedida pela autora).

Redação 4

Em Esparta, na Grécia Antiga, as pessoas com deficiência física, como os surdos, eram sacrificadas, pois o Estado não acreditava no potencial delas em um contexto de guerras. Mesmo que essa não seja mais uma realidade na sociedade contemporânea, os surdos ainda enfrentam diversos desafios para sua formação educacional no Brasil, seja pela falta de recursos assistivos, seja pela dificuldade de inclusão social no âmbito escolar.

Em primeiro plano, percebe-se que as escolas com alunos surdos incluídos não apresentam todos os recursos assistivos necessários para garantir o pleno desenvolvimento das habilidades funcionais desses estudantes. Exemplo disso são as escolas de Educação Básica, os quais não possuem docentes preparados para se comunicar eficientemente com esses alunos, assim como não possuem materiais didáticos especializados para o ensino de Libras. Nessa perspectiva, fica evidente que o sistema educacional brasileiro não garante o total aperfeiçoamento intelectual dos deficientes auditivos.

Além das dificuldades na aprendizagem, o caráter excludente das instituições de ensino também é um desafio para os surdos, devido à falta de integração social através da comunicação nas escolas. Segundo a célebre escritora, Hellen Keller, "a tolerância é o resultado mais sublime da educação". Essa máxima, entretanto, não está sendo devidamente efetivada, tendo em vista que a Libras não é amplamente difundida na educação brasileira, o que resulta na exclusão social dos surdos e compromete o desenvolvimento de suas habilidades sociais.

 Frente aos desafios enfrentados pelos surdos no que tange a sua formação educacional, faz-se necessário, portanto, que o Governo Federal capacite os professores e adapte os mecanismos de ensino por meio de cursos profissionalizantes em Libras, bem como materiais didáticos completos e específicos para a formação intelectual desses alunos, com o objetivo de garantir aos deficientes auditivos o pleno desenvolvimento de suas habilidades. Ademais, o Estado, junto às empresas de serviço público, deve oferecer o ensino de Libras em todos os setores da sociedade, a fim de melhorar a comunicação dos surdos com a população e, consequentemente, implementar a inclusão social. Assim, será possível continuar e acelerar o processo de superação dos desafios vividos desde a Antiguidade.

Júlia Köchler (Nota 1.000, Enem 2017, Medicina, Universidade Federal de Santa Maria - UFSM, redação cedida pela autora).

Redação 5

  O filósofo Michel Foucault, em sua obra "Vigiar e Punir", aborda o controle comportamental sofrido pelos seres humanos, sobretudo ao retratar o Panóptico de Bentham - mecanismo medieval no qual o indivíduo é constantemente vigiado. Na contemporaneidade, a internet tornou-se um "panóptico tecnológico", haja vista que a manipulação do comportamento do usuário pelo controle de dados na internet é realidade no mundo virtual. Nesse sentido, o cerceamento da liberdade de navegação do usuário e a afirmação de ideologias individuais são as principais consequências do "panóptico contemporâneo".

  A princípio, é indiscutível que o controle de dados na internet gera como consequência a privatização da liberdade individual. Nesse sentido, embora o Marco Civil da Internet, ratificado em 2014 no Brasil, disponha a rede com função social de promoção da informação e da possibilidade do usuário decidir aquilo que deseja visualizar, tal atribuição legal não é plenamente corroborada. Essa falha nos direitos do usuário decorre da existência de "cookies de navegação", isto é, muitos sites de compra, por exemplo, só permitem o acesso integral da página se o usuário habilitar a execução de "cookies". Posteriormente, a manipulação de comportamento do usuário é percebida quando, ao navegar nas redes sociais, notam-se propagandas daquilo que anteriormente pesquisou, o que comprova a vigilância virtual dos dados do usuário.

  Outrossim, o impulso para afirmação de ideologias do usuário é outra consequência advinda do controle de dados na internet. Sob esse viés, percebe-se que o meio virtual facilitou a persistência de "ditaduras individuais" na contemporaneidade, visto que é apresentado ao usuário apenas as informações que o controle da rede delibera. O filósofo Émile Durkheim afirmou que "agimos de maneira diferente de acordo com o que nos é apresentado". Considerando, então, o ideal do filósofo é viabilizada, na internet, a afirmação de discursos de ódio contra homossexuais, por exemplo, uma vez que o conteúdo apresentado ao usuário deriva de "filtros" dos conteúdos que o indivíduo já visualizou. Esse mecanismo de escolha da rede dificulta, dessa forma, o acesso a ideologias divergentes, o que vai de encontro aos propósitos já afirmados no Marco Civil da Internet.

Portanto, observa-se que a manipulação do comportamento na internet afeta a liberdade individual e dificulta a troca de informações. Por isso, assiste as empresas controladoras da rede, em parceria com o Ministério da Tecnologia, a reestruturação do ambiente virtual, por meio da diminuição de "filtros" de pesquisa e de "cookies", a fim de garantir a liberdade do indivíduo em rede e atenuar a manipulação virtual. Ademais, redes sociais, como o Facebook, podem expor, por meio de publicações na rede, diversas opiniões acerca de assuntos polêmico, para que se diminuam as "ditaduras individuais". Desse modo, a internet poderá promover sua função social distante do controle sobre o usuário, já existente no panóptico contemporâneo.

Gean Scherer (Nota 960, Enem 2018, Medicina, Universidade Federal de Santa Maria - UFSM, redação cedida pelo autor).

Redação 6

"Tornou-se aparentemente óbvio que nossas tecnologias excederam nossas humanidades". A frase dita pelo físico e cientista Albert Einstein no século XX expõe que, cada vez mais, as máquinas anulam as personalidades individuais. Exemplo disso é a manipulação comportamental que, atualmente, o controle de dados na internet realiza sobre os cidadãos. Tal manipulação é extremamente nociva, seja pela omissão de informações importantes, seja pela ilusão de liberdade de escolha.

Inicialmente, é indubitável que, para manipular o comportamento dos indivíduos, o controle de dados cibernéticos é realizado, principalmente, por meio de omissão de informações importantes. Sob o pretexto de possibilitar o acesso do usuário a notícias de seu interesse, tais dados omitem diversas informações que poderiam influenciar, por exemplo, o voto desses cidadãos. Com isso, lamentavelmente, os "sites" da internet violam o direito dos usuários ao acesso imparcial da informação. Essa situação mostra-se muito preocupante, já que remete à Era Vargas, quando, durante a ditadura instaurada em 1937, a população só tinha acesso às informações que interessavam a determinado grupo – no caso, o governo –, o que gerou alienação em massa. Desse modo, urge que tal manipulação comportamental seja combatida.

Ademais, a ilusão de liberdade de escolha também é um problema originado pela manipulação do comportamento do usuário realizada pelo controle de dados. Isso porque, na maioria das vezes, os indivíduos recebem, por exemplo, indicações de produtos selecionados pelo próprio "site" sem saber dessa manipulação. Ou seja, os usuários acessam informações e compram produtos pensando que realizam uma livre escolha, enquanto, na verdade, são controlados. Com isso, como postulado pelo sociólogo Karl Marx em seu livro "O Capital", as pessoas alienam-se e creem que são livres, quando, na verdade, são manipuladas pelos detentores das riquezas – a saber, donos de grandes empresas.

Portanto, para reduzir a manipulação comportamental dos indivíduos pelo controle de dados – que omite informações e que gera uma falsa liberdade de escolha –, os "sites" da internet, meios formadores de opinião, devem oferecer aos usuários acesso a todos os tipos de informação, sem qualquer seletividade, por meio da divulgação de notícias de diversos portais jornalísticos confiáveis sobre vários assuntos, a fim de evitar que os cidadãos sejam manipulados por determinados grupos. Além disso, o Poder Legislativo, representante do povo, deve criar lei que obrigue os "sites" a informar, em cada anúncio, que o produto foi selecionado por controle de dados, por meio de aviso grande e legível na propaganda, para que o consumidor esteja ciente da possível manipulação. Assim, poder-se-á reduzir o controle comportamental dos dados sobre o usuário e, felizmente, tornar a frase de Einstein incoerente com a realidade.

Thiago Menezes Cézar (Nota 940, Enem 2018, Medicina, Universidade Federal de Ciências da Saúde de Porto Alegre - UFCSPA, redação cedida pelo autor).

Redação 7

    Para o sociólogo Durkheim, o Fato Social consiste em formas de agir e de pensar que atuam sobre o indivíduo. Hodiernamente, é inegável que o controle de dados na internet caracteriza-se como um Fato Social, haja vista que manipula o comportamento dos usuários da rede mundial de computadores. Lamentavelmente, essa manipulação impacta diretamente na sociedade, seja na política, seja na criação de "bolhas" sociais.

    O controle de dados dos internautas manipula o comportamento político deles. Quando um internauta tem suas publicações filtradas por um algoritmo, somente aquilo que agrada a ele é lhe mostrado. Na política, isso é extremamente lamentável, pois os eleitores não visualizam publicações que trazem opiniões políticas divergentes das deles e, por conseguinte, fecham-se a outras ideologias. Desse modo, a Constituição Federal, a qual assegura a pluralidade de opiniões políticas, não é seguida quando dados dos eleitores servem para manipulá-los.

    Além de manipular o comportamento político dos internautas, o controle de dados dos usuários corrobora para a criação de "bolhas" sociais. Segundo Bauman, sociólogo polonês, as relações sociais contemporâneas são superficiais e sem engajamento. É inegável que a manipulação do comportamento do usuário pelo controle de dados na internet fortaleça o pensamento do sociólogo Bauman, porque os usuários fecham-se a outros modos de agir e de pensar e, assim, o "eu" passa a ser mais importante que o "outro". Prova disso são as listas de músicas personalizadas que aplicativos de música aos seus usuários, que, em vez de lhes mostrarem novidades, mostram apenas músicas de acordo com seus gostos.

Portanto, fica evidente que a manipulação do comportamento do usuário pelo controle de dados na internet impacta na política e cria "bolhas" sociais. Diante disso, medidas são necessárias para reverter esse quadro. Para isso, o Tribunal Eleitoral Superior deve identificar e punir as redes sociais que atuem no pensamento político de seus usuários, por meio de um disque-denúncia, assim como a criação de leis mais severas para puni-las, a fim de que haja lisura no processo democrático. Além disso, cabe às escolas e às famílias fomentarem o sentimento de empatia pelo outro nas crianças, por intermédio de atividades lúdicas, para que não haja mais "bolhas" sociais. Assim, o controle de dados dos internautas deixará de ser um Fato Social.

Sérgio Furtado (Nota 980, Enem 2018, Medicina, UFSM, redação cedida pelo autor).

Redação 8

Amizade real: uma flor perene

"Uma flor nasceu na rua" disse Drummond em um de seus mais célebres poemas, referindo-se a uma rara (porém resistente) flor que desabrochara em meio ao caos urbano. Assim também nascem (e florescem) amizades verdadeiras - que persistem apesar de todas as adversidades. Reiterando essa ideia de amizade verdadeira como evento raro, um estudo da Universidade de Oxford comprovou que o cérebro humano é capaz de comportar, no máximo, 150 amigos, sendo apenas 5 deles os verdadeiros - os do peito. Nesse sentido, considerando a praticidade de fazer novas amizades atualmente via internet, é imperativo discutir as diferenças entre os dois tipos de amizade - real e virtual, se esta foi capaz de modificar o conceito de amizade daquela, bem como os motivos que levam o indivíduo a buscar uma amizade virtual ao invés da real.

Acredito, primeiramente, que a amizade virtual não foi capaz de modificar o conceito de amizade real, embora existam diferenças entre elas. Casimiro de Abreu (o poeta da infância) costumava tratar em seus poemas das lembranças de sua fase pueril, narrando conversas com amigos de longa data e que, pelo grande tempo de convivência, foram capazes de contribuir na construção de sua própria personalidade. Eis uma das grandes diferenças entre a amizade real e a virtual: a base da primeira se dá de forma sólida, a partir de zelo e dedicação, enquanto a segunda comporta uma relação de frieza, a partir de toques na tela e de uma conexão artificial.

Paralelamente à falta de solidez da amizade virtual em relação à real, creio ser importante discutir as razões que levam o indivíduo a dar preferência àquela em detrimento desta. Segundo o sociólogo Emile Durkheim, a sociedade atual vive uma espécie de anomia social - falta de identificação com o outro -, pela falta de tempo para dedicar-se verdadeiramente às relações. Assim, passamos a preferir amizades virtuais que, embora numerosas, são volúveis, sem lastro. Como consequência disso, convivemos com pessoas cada vez mais ensimesmadas, desprovidas de laços *verdadeiramente humanos, e que preferem (com base em experiência própria), manter-se conectadas à rede social a conversar pessoalmente e de forma despretensiosa.*

Creio, portanto, que a internet não modificou o conceito de amizade, embora existam diferenças qualitativas entre a real e a virtual, bem como razões para um indivíduo preferir esta ao invés daquela. Porém, particularmente, ainda acredito na preciosidade de uma amizade real que, aos moldes da flor de Drummond, floresce e enfeita permanentemente as nossas vidas.

Talita Fávero (Nota 1.000, Universidade Regional Integrada do Alto Uruguai e das Missões - URI, Erechim, 2018, Medicina, redação cedida pela autora).

2. Identifique, nas redações a seguir, o tema, as teses e as estratégias de progressão temática.

Redação 1

O florescer da ética

Os filósofos contratualistas – Rosseau, Hobbes e Locke – defendiam a ideia de Contrato Social, no qual os cidadãos, guiados por um conjunto de princípios e de valores chamado de ética, "abriam mão" de sua liberdade individual para se submeter a um Estado Civil. Nessa perspectiva filosófica, evidencia-se a importância histórica da ética na vida do cidadão. Tal relevância deve-se à orientação das relações sociais e ao equilíbrio racional das práticas individuais proporcionados pela ética.

Por orientar as inúmeras relações sociais existentes na sociedade, a ética tem um papel significativo na vida dos cidadãos. O conjunto de valores morais enraizado na cultura social ética guia momentos de escolha que influenciam relações coletivas. Tal influência, presenciada nitidamente no cotidiano, também é retratada em obras literárias como "A Hora e a Vez de Augusto Matraga", de Guimarães Rosa. Nesse livro, o personagem Nhô Augusto enfrenta momentos difíceis em sua vida pessoal de modo a refletir sobre suas atitudes e a decidir qual o melhor modo de agir e não mais prejudicar as pessoas ao seu redor. Tal representação, apesar de literária, simboliza fatos semelhantes da realidade em razão do universalismo da obra de Guimarães Rosa. Assim, é notável quão essencial a ética é na vida do cidadão por orientar comportamentos nas relações sociais.

Paralelamente a tal situação, o equilíbrio racional das práticas individuais também corrobora a importância da ética na vida dos cidadãos. Em uma sociedade na qual se presencia cada vez mais casos de intolerância e de violência simplesmente em virtude de haver divergência de opiniões, os princípios e valores da ética revelam-se fundamentais. O radicalismo político crescente no Brasil, a saber, é tamanho a ponto de pessoas agredirem violentamente outros indivíduos por motivos político-partidários. Tal situação comprova-se com o caso de um homem ferido por um simpatizante do ex-presidente Lula no dia em que esse foi preso. Esse cenário deplorável reforça, por conseguinte, a importância da ética na vida do cidadão por equilibrar racionalmente práticas humanas que poderiam ser evitadas.

A ética na vida cidadã, destarte, é vital por orientar relações sociais e por equilibrar, com base na razão, práticas individuais. Os princípios e valores morais éticos, utilizados desde o século XVII por filósofos contractualistas, revelam-se atemporais e constituintes culturais. À semelhança da flor drummondiana, do poema "A Flor e a Náusea", a ética superará adversidades atuais na sociedade e consolidará suas benesses sociais.

Eduardo Machado (Nota 9,2, Medicina, Universidade Federal de Santa Catarina - UFSC, 2018-2, redação cedida pelo autor).

Redação 2

Independência e subversão

Em suas cartas, certa vez, Caio Fernando Abreu confidenciou que se lesse mais Clarice Lispector, imitá-la-ia mais. Isso porque, embora já autor de uma literatura singular, Caio, como todos nós, estava sujeito a influências no processo de construção de seu próprio estilo. Contudo, ter estilo não é apenas sujeitar-se a referências. Ter estilo é, antes de tudo, conquistar independência identitária e subverter expectativas do coletivo social nulo em que vivemos. É evidente que a reprodução do estilo alheio é característico da comunidade humana. Aliás, não vivemos isolados, e receber influências é algo intrínseco à vida em sociedade. Porém, ultimamente essas influências sociais que recebemos são homogeinizadoras; o estilo propagandeado pela mídia dita padrões comportamentais, estéticos e de moda que anulam as singularidades de cada indivíduo em prol da massificação. Em razão disso, construir seu próprio estilo é tornar-se independente em termos de identidade, é ser simultaneamente diretor e protagonista da própria vida. A atriz Viola Davis é um exemplo dessa independência de estilo. A ganhadora do Emmy de 2016, quando questionada sobre o porquê de usar seu cabelo afro ao natural, respondeu, sem hesitação, que sucumbir aos padrões de beleza, alisando-o, seria anular-se enquanto indivíduo. Logo, ter estilo é essencialmente um exercício de afirmação identitária.

Outro elemento que acompanha essa independência identitária é a subversão das expectativas sociais quanto ao estilo. Isso porque tradicionalmente são as próprias expectativas sociais que moldam – e deformam – o comportamento das pessoas. Espera-se socialmente que todos sejamos consumistas, tenhamos estilos de vida heteronormativos e que a diversidade humana seja substituída por padrões eurocentrados de beleza. Desse modo, transgredir a essas expectativas é desenvolver um estilo próprio. O cantor e compositor Liniker, revelação da música brasileira em 2016, por exemplo, singulariza-se por meio da subversão das expectativas de gênero. De brincos e de saias estampadas, ele encanta com seu estilo único e "lacrador" de ser e de produzir arte.

Entende-se, pois, que ter estilo é ter independência identitária, a qual se conquista por meio da transgressão. Isso, de modo algum, exclui imitarmos certas personalidades. Pelo contrário, é salutar que nos inspiremos pela ousadia de Caio, de Viola, de Liniker e de tantos outros para construir nosso próprio estilo.

Débora Roberta Dornelles (Nota 22,78, Universidade Federal do Rio Grande do Sul - UFRGS, 2016, Medicina, redação cedida pela autora).

Redação 3

Vitória do futebol, derrota do social e do econômico

Brasil, o país do futebol. Nação de Pelé e Neymar. Considerando-se a alcunha e o talento nato do país para o "esporte bretão", a realização da Copa do Mundo de 2014 no Brasil parece ser um verdadeiro "gol de placa". Contudo, o evento mundial, devido à grandiosidade que o caracteriza, pode trazer efeitos negativos às estruturas tanto sociais quanto econômicas do país, tornando-se um "gol contra".

Quanto à questão social, a "bola fora" está no fato de que setores importantes, como a educação, foram ignorados para ceder lugar a pesados investimentos para a Copa. Escolas do interior do Amazonas, por exemplo, têm suas portas fechadas devido à falta de energia elétrica, mínima estrutura de funcionamento. Em contraste a essa realidade, o Estado também abriga a novíssima Arena Amazônia, construída com milhões de reais, especialmente para o Mundial. Dessa forma, vê-se que a educação, que deveria ser prioridade, foi ofuscada pela construção da Arena, em uma região que nem sequer tem tradição no futebol.

Além da questão social, há também um revés para a economia brasileira com a Copa no país. Como se não bastasse a quantia exorbitante que deixa os cofres públicos para ser aplicada em obras para o Mundial, ocorrerá outro reflexo negativo relacionado às finanças: a alta dos preços. Com a entrada de turistas estrangeiros no país, a tendência é que o setor terciário, de prestação de serviços, eleve os preços visando o lucro, como, por exemplo, em restaurantes, hotéis e táxis. Desse modo, os brasileiros que precisarem desses serviços durante a Copa terão que desembolsar quantias muito maiores do que as usualmente cobradas.

Assim, a realização da Copa do Mundo no Brasil implicará malefícios à estrutura social e econômica do país. Nesse "jogo", a visibilidade do Brasil como país do futebol "entra em campo", mas deixa os importantes setores, social e econômico, "na reserva".

Débora Cristina Schuh (Universidade de Santa Cruz do Sul - UNISC, 2014, Medicina, redação cedida pela autora.)

Redação 4

Justiça social e tolerância: uma exploração ao planeta Terra

Ao longo de todo o século XX assistiu-se aos grandes avanços humanos baseadas no uso de tecnologia: fissão nuclear (para a construção de bombas atômicas), engenharia espacial (levando o homem à Lua), o surgimento da internet (relativizando distâncias). Assim, a fim de afirmar a superioridade da espécie humana em relação às outras e garantir os recursos necessários à manutenção desse acelerado desenvolvimento, cientistas como Carl Sagan e Stephen Hawking afirmam a necessidade de explorarmos e colonizarmos outros planetas além do nosso. Ocorre que, embora sejamos capazes de produzir tecnologia suficiente para tanto, o fundamental para a humanidade é – isso sim – resolvermos primeiramente os problemas existentes aqui mesmo no planeta Terra, como a falta de justiça social e a intolerância.

Um dos grandes problemas enfrentados atualmente em nosso planeta é a falta de justiça social. De acordo com a teoria *da equidade do filósofo John Rawls, é necessário que as pessoas sejam assistidas em suas necessidades específicas, de modo que recebam auxílio singular de acordo com as dificuldades que enfrentam. Nesse sentido, percebe-se que, ao contrário do que pratica o Brasil (e muitos outros países capitalistas), não basta realizarmos distribuição de valores em dinheiro às camadas menos favorecidas da população. É necessário que se implementem programas de inclusão – por meio de ações afirmativas – capazes de desenvolver e inserir o cidadão (no mercado de trabalho, por exemplo), capacitando-o a ponto de torná-lo independente de auxílio no futuro.*

Paralelamente à falta de justiça social, outro grande problema a ser enfrentado no planeta Terra é a intolerância. Segundo a escritora Helen Keller, o resultado mais sublime da educação é a tolerância. Dessa forma entende-se que, por meio de investimentos reais e suficientes em educação, é possível que alcancemos o fim do preconceito, o respeito aos grupos de minorias e, consequentemente, a tolerância.

Depreende-se, portanto, que embora produza tecnologia suficiente para explorar e colonizar o espaço, o homem precisa resolver importantes problemas que urgem por solução em seu próprio planeta, como a falta de justiça social e a intolerância. A partir disso será possível que habitemos de forma mais racional e humana qualquer lugar do universo – inclusive o planeta Terra.

Talita Fávero (Nota 9,7, Universidades Franciscanas - UFN, 2019, Medicina, redação cedida pela autora).

Redação 5

SUS: qualidade e prevenção

A colonização do Brasil, iniciada em meados de 1530 pelos navegadores portugueses, introduziu na sociedade nativa doenças virais e bacterianas que dizimaram grande parte da população local. Nesse contexto, a sociedade se desenvolveu com patologias que, constantemente, afetavam o bem-estar social em decorrência da carência e, muitas vezes, da ausência de atendimento médico e de saúde pública no país colonial. Sob essa perspectiva, pode-se perceber que a criação do Sistema Único de Saúde (SUS) e do direito humano de atendimento público foi imprescindível para as conquistas humanitárias da atualidade. Diante disso, evidencia-se a necessidade do atendimento universal no SUS como um meio de garantir qualidade de vida e investir em medicina preventiva.

Primeiramente, é imprescindível ressaltar que uma das principais importâncias do acesso à saúde pública universal é a promoção de bem- estar social. Tal relevância do SUS é marcante em decorrência do grande contingente de pessoas com enfermidades que não dispõem de recursos econômicos e, até mesmo, de meios de transporte para realizar consultas e atendimentos em centros especializados, e com isso, ficam suscetíveis a falta de tratamento. Essa necessidade assemelha-se àquela vivida pelos peregrinos cristãos durante as Cruzadas, os quais recebiam atendimento público e universal em hospitais construídos para acolher os enfermos peregrinos carentes de condições sociais e econômicas. Diante disso, fica evidente que o atendimento universal, assim como na Idade Média, é imprescindível para promover o bem-estar social.

Somado a isso, outra relevância do atendimento universal na realidade brasileira é o incentivo à prevenção da saúde humana. Essa importância introduziu-se na sociedade brasileira com o movimento sanitarista, liderado por Oswaldo Cruz, o qual visava a vacinação de toda a população brasileira contra, principalmente, a varíola – epidemia brasileira do período republicano. Dessa forma, mesmo após revoltas contra a vacinação forçada, a disponibilização de vacinas, remédios e exames no SUS garante a assistência integral para a prevenção, o tratamento e a reabilitação dos pacientes. De fato, os investimentos em medicina preventiva para a população brasileira garantem a redução de epidemias e previnem o aparecimento de novas formas infecciosas.

Sendo assim, ficam claras as consequências positivas do acesso ao sistema público de saúde diante da realidade brasileira. Pode-se perceber, portanto, que o SUS é o meio para garantir qualidade de vida à população e promover a prevenção de doenças e patologias por meio de vacinas e medicamentos. Assim, a universalização do sistema público de saúde em parceria com a Fundação Oswaldo Cruz (FIOCRUZ) – instituição destinada a pesquisas e desenvolvimento de medicamentos – promoverá, cada vez mais, saúde de qualidade à população brasileira.

Shaiane Brunhera (Nota 10, Universidade de Santa Cruz do Sul - UNISC, 2019-2, Medicina, redação cedida pela autora).

Redação 6

Ser homem ou ser Fabiano: o dilema da sociedade capitalista

"Fabiano, você não é um homem, é um bicho!". Nesse trecho do livro "Vidas Secas", Graciliano Ramos trabalha com a zoomorfização do homem. Porém, isso não fica restrito apenas à literatura, pois, no contexto em que vivemos, existem muitos "fabianos" e, ironicamente, muitos animais estão se tornando homens. Por isso, faz-se necessária uma análise para tentar explicar os fatores que estão criando, em nossa sociedade, essa terrível inversão de valores.

Certamente, o personagem Fabiano é a melhor expressão desse panorama: um excluído no mundo capitalista. Desprovido de residência, de escolaridade, de emprego fixo e de renda, ele tende a ser marginalizado por não atender aos princípios fundamentais da sociedade de consumo. Dessa forma, subjugado por aqueles que fazem as "regras do jogo", só resta a qualquer "Fabiano" uma vida a ermo, fuçando no lixo em busca de comida, sendo enxovalhado pela "socialight". Ou seja, ele é tratado como um animal e não recebe das outras pessoas o que é de direito de todo ser humano: o reconhecimento por quem é e não pelo que possui.

Paralelamente a isso, percebe-se que, em decorrência do capitalismo, as pessoas tornam-se cada vez mais individualistas. Acreditam que o supermercado é um paraíso e os seres humanos ao redor não são importantes. Porém, uma hora a necessidade humana de companhia chega e acaba-se apelando para o "melhor amigo do homem" que ainda resta: o animal de estimação.

Seja cachorro, gato ou pássaro, esse acaba tomando o lugar de uma pessoa e, dessa forma, seu dono começa a tratá-lo como tal: paga-lhe veterinário, banho, rações caras e todos os outros produtos que a propaganda veicula e que aceitamos como necessários. Assim, o dono insere seu novo "amigo" na sociedade de consumo concedendo-lhe as vantagens com que todos os "fabianos" sonham: reconhecimento como homem perante a sociedade e uma vida mais digna.

Portanto, a incapacidade de definir a característica homem/animal do ser está enraizada na forma como se estrutura nosso sistema econômico. Assim, são homens aqueles que se enquadram no sistema capitalista e animais aqueles que ficam à parte, sendo substituídos por seres que supostamente teriam maior valor – os verdadeiros animais. Dessa forma, enquanto existir a distinção entre excluídos e incluídos, animais tomarão o lugar de homens em apartamentos de luxo e homens tomarão o lugar de animais fuçando no lixo para sobreviver.

Benhur Garghetti (Nota 9.7, texto produzido em aula, 2009, Médico formado pela Universidade Federal de Santa Maria - UFSM, 2015, redação cedida pelo autor).[1]

---

1 Nota: todas as redações deste livro foram publicadas em teor integral, sem correções.

Parte 5

Temas

Tema 1

A partir da leitura dos textos motivadores a seguir e com base em seus conhecimentos e reflexões, redija um texto dissertativo-argumentativo de acordo com a norma-padrão da língua portuguesa sobre o tema "O trabalho infantil no Brasil", apresentando uma proposta de intervenção que respeite os direitos humanos. Selecione, organize e relacione, de forma coerente e coesa, argumentos e fatos para defesa do ponto de vista.

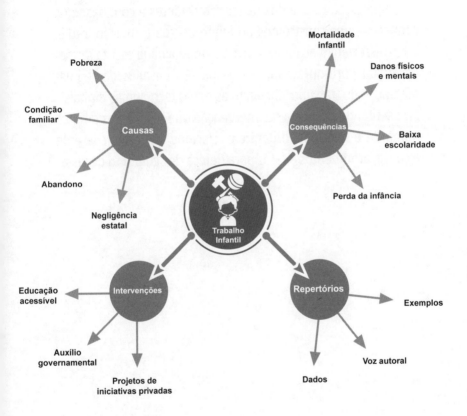

Tema 2

A partir da leitura dos textos motivadores e com base nos conhecimentos construídos ao longo de sua formação, redija texto dissertativo-argumentativo em modalidade escrita formal da língua portuguesa sobre o tema "Os desafios da regulamentação do trabalho vinculado às novas tecnologias digitais", apresentando proposta de intervenção que respeite os direitos humanos e selecione, organize e relacione, de forma coerente e coesa, argumentos e fatos para defesa de seu ponto de vista.

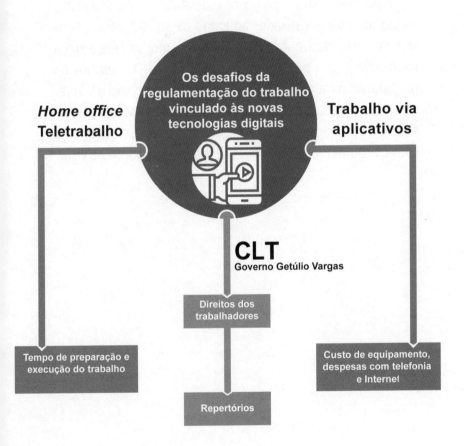

Tema 3

A partir da leitura dos textos motivadores e com base nos conhecimentos construídos ao longo de sua formação, redija texto dissertativo-argumentativo em modalidade escrita formal da língua portuguesa sobre o tema "Os desafios na preparação para o Enem durante o isolamento social", apresentando proposta de intervenção que respeite os direitos humanos e selecione, organize e relacione, de forma coerente e coesa, argumentos e fatos para defesa de seu ponto de vista.

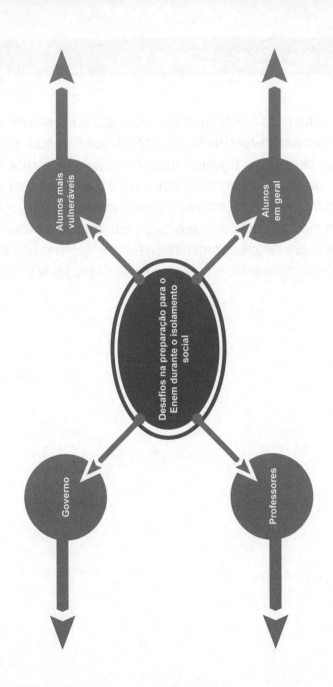

Tema 4

A partir da leitura dos textos motivadores e com base nos conhecimentos construídos ao longo de sua formação, redija texto dissertativo-argumentativo em modalidade escrita formal da língua portuguesa sobre o tema "Caminhos para garantir o envelhecimento populacional com qualidade", apresentando proposta de intervenção que respeite os direitos humanos e selecione, organize e relacione, de forma coerente e coesa, argumentos e fatos para defesa de seu ponto de vista.

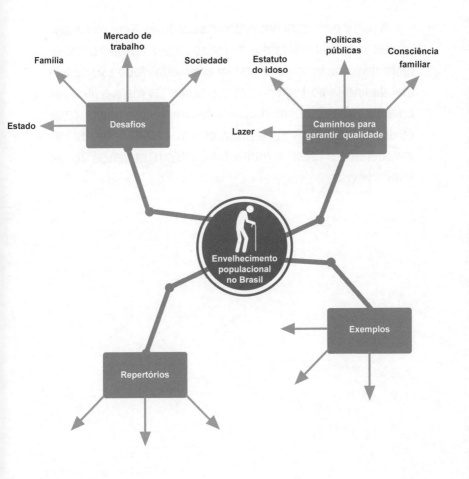

Tema 5

A partir da leitura dos textos motivadores e com base nos conhecimentos construídos ao longo de sua formação, redija texto dissertativo-argumentativo em modalidade escrita formal da língua portuguesa sobre o tema "Os maus-tratos aos animais", apresentando proposta de intervenção que respeite os direitos humanos e selecione, organize e relacione, de forma coerente e coesa, argumentos e fatos para defesa de seu ponto de vista.

Jandira Pilar

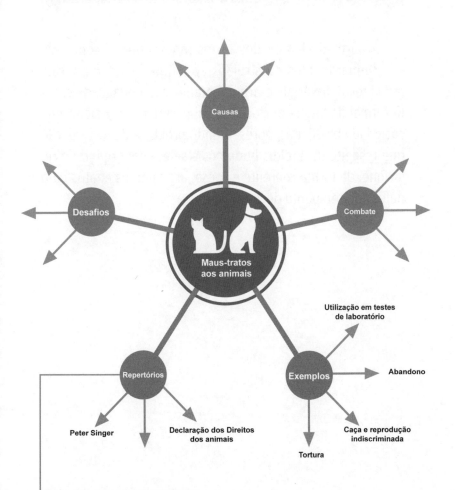

Aforismos

"A grandeza de uma nação pode ser julgada pelo modo que seus animais são tratados."
- Mahatma Gandhi

"Este mundo é um inferno para os animais e nós, humanos, seus demônios."
- Arthur Schopenhauer

Tema 6

A partir da leitura dos textos motivadores e com base nos conhecimentos construídos ao longo de sua formação, redija texto dissertativo-argumentativo em modalidade escrita formal da língua portuguesa sobre o tema "A violência na sociedade brasileira", apresentando proposta de intervenção que respeite os direitos humanos e selecione, organize e relacione, de forma coerente e coesa, argumentos e fatos para defesa de seu ponto de vista.

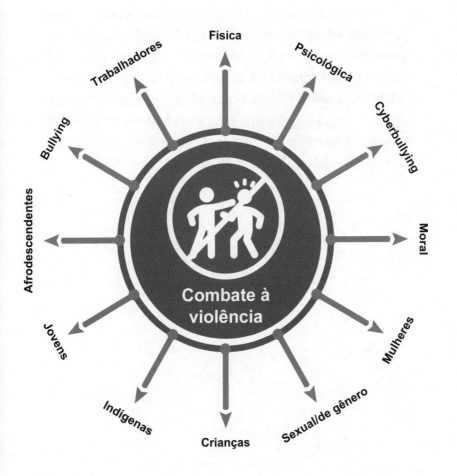

Tema 7

A partir da leitura dos textos motivadores e com base nos conhecimentos construídos ao longo de sua formação, redija texto dissertativo-argumentativo em modalidade escrita formal da língua portuguesa sobre o tema "Os impactos do fenômeno da uberização no trabalho", apresentando proposta de intervenção que respeite os direitos humanos e selecione, organize e relacione, de forma coerente e coesa, argumentos e fatos para defesa de seu ponto de vista.

Impactos do fenômeno da uberização no trabalho

Prós

- Alternativa para o desemprego
- Liberdade para escolher horários e tarefas
- Flexibilidade
- Foco em resultados
- Possibilidade de aumentar a renda
- Mais tempo para a vida pessoal

Contras

- Falta de estabilidade
- Sem salário fixo nem legislação
- Depende do esforço ativo do trabalhador
- Perda de garantias trabalhistas da CLT
- Falta de remuneração por hora extra
- Possível precarização do trabalho

Tema 8

A partir da leitura dos textos motivadores e com base nos conhecimentos construídos ao longo de sua formação, redija texto dissertativo-argumentativo em modalidade escrita formal da língua portuguesa sobre o tema "A crise ambiental no século XX", apresentando proposta de intervenção que respeite os direitos humanos e selecione, organize e relacione, de forma coerente e coesa, argumentos e fatos para defesa de seu ponto de vista.

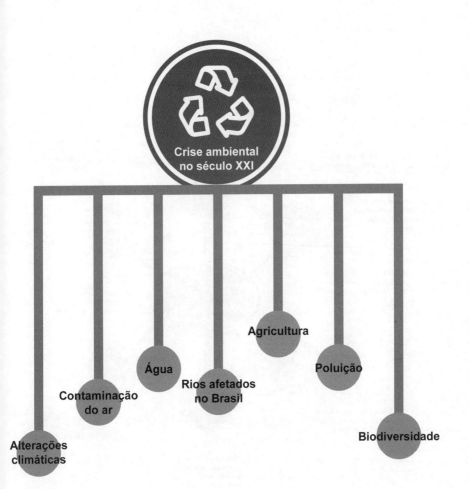

Ler e escrever bem

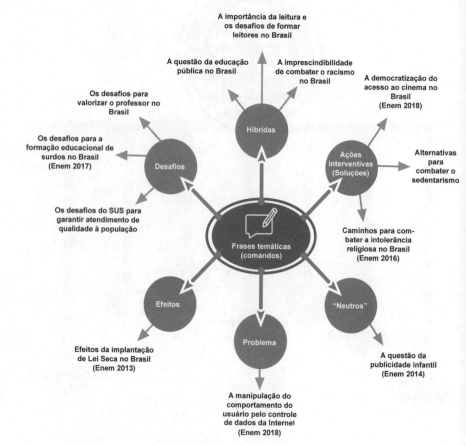

116

Bibliografia

ANDRADE, C.D.de. *Procura da poesia.* in: ANDRADE, C.D. de. *A rosa do povo.* 26 ed. Rio de Janeiro: Record, 2002.

BLOOR, T.; BLOOR, M. *The Functional Analysis of English:* a Hallidayan Approach. Londres: Edward Arnold, 1995.

FUZER, C. Estratégias de progressão temática. In: MOTTA--ROTH, D.; BARROS, N.C.A; RICHTER, M.G. *Linguagem, cultura e sociedade.* Santa Maria: PPGL, UFSM, 2006. p.89-99.

FUZER, C. *As regularidades e as possibilidades de progressão temática nos textos de popularização científica.* Santa Maria: UFSM, 2002. 125 fl. Dissertação (Mestrado em Letras), Programa de Pós-Graduação em Letras, Universidade Federal de Santa Maria, Santa Maria, 2002.

HALLIDAY, MAK; MATTHIESSEN, C MIN. *An Introduction to Functional Grammar.* 3.ed. Londres: Arnold, 2004.

HALLIDAY, M. A. K.; HASAN, R. *Language, context and text: aspects of language in a social perspective.* Oxford: Oxford University Press, 1985.

HALLIDAY, M. A. K. *An Introduction to Funcional Grammar.* London: Edward Arnold, 1994.

MOTTA-ROTH, D. *O ensino de produção textual com base em atividades sociais e gêneros textuais.* Linguagem em Discurso, v. 6 n.3, set./dez.2006. Disponível em: <http://www.portaldeperiodicos.unisul.br/index.php/Linguagem_Discurso/article/view/347>. Acesso em: 07 de set. de 2020.

PILAR, J. *O processo de escritura da redação de vestibular:* o argumento como elemento de sentido entre vestibulandos e avaliadores. Santa Maria: UFSM, 2000. 160 p. Dissertação (Mestrado em Letras).

PILAR, J. *A redação de vestibular:* um apanhado sobre o texto considerado satisfatório no concurso vestibular. 2.ed. Santa Maria: Pallotti, 2006.

POSSENTI, S. Indícios de autoria. *Perspectiva*, Florianópolis, v.20, n.1, p.105-124, jan./jun.2002.

TOULMIN, S. *The uses of argument.* Cambridge: Cambridge University Press, 1958.

VANDE KOPPLE, W. J. Some exploratory discourse on metadiscourse. *College Composition and Communication.* v. 1, n.36, 1985, p.82-93.

Referências consultadas:

PY, Fernando. *Bibliografia comentada de Carlos Drummond de Andrade* (1918-1930).Editora José Olympio,1980.

INSTITUTO NACIONAL DE ESTUDOS E PESQUISAS EDUCACIONAIS ANÍSIO TEIXEIRA (INEP). *Cartilha do participante*, 2018. Brasília: MEC, 2020. Disponível em: <download.inep.gov.br/educacao_basica/enem/guia_participante/2018/manual_de_redacao_do_enem_2018.pdf/>. Acesso em: 07 de set. de 2020.

KANT, I. *Crítica da razão prática.* São Paulo: M. Fontes, 2002.

KEBERSON, B. *Autonomia versus heteronomia:* o princípio da moral em Kant e Levinas. Conjectura: Filos. Educ., Caxias do Sul, v. 18, n.3, p.166-183, set./dez, 2013.

Este livro foi composto nas tipologias Noto Sans Condensed e Bullpen 3D. Impresso pela gráfica Paym.